JN334408

科学的検証の限界を超えて

神秘現象リーディング

大川隆法

Ryuho Okawa

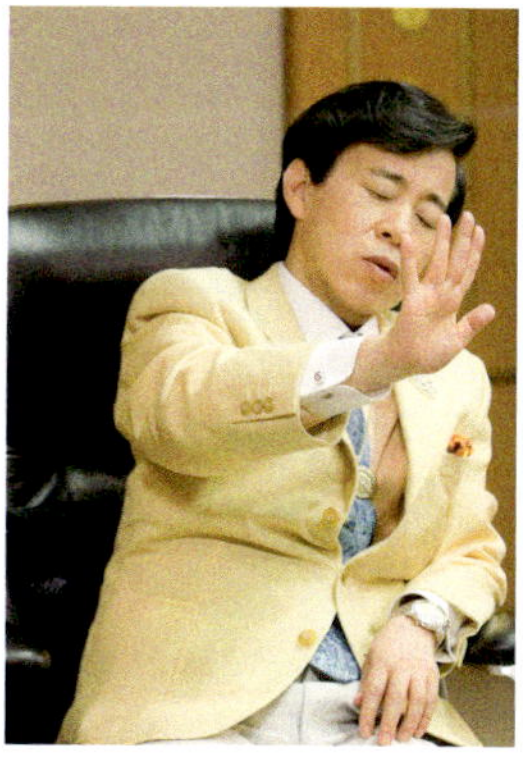

本リーディングは、2014年5月28日、幸福の科学総合本部にて、
公開収録された(写真上・下)。

まえがき

神秘現象を経験している方は、かなり多いだろう。

しかし、たいていは、その現象の原因も意味も解明できないまま、日常生活に埋没し、忘れていることが普通だろう。

本書では四人が遭遇した超常的現象を、最高の神秘能力者でもある著者が、その超能力を用いて分析してみせた例である。

たいていの精神科医は、「〇〇障害」と名づけたり、精神安定剤を与えて終わりになるだろう。

しかし、精神世界の本当の姿を知らない医者は、海岸の波打ち際で熊手を使って、潮干狩りをしているレベルだろう。今必要なことは、大海の底の深さを知ることだ。たとえ、それがどれほど困難を伴う仕事であったとしても。

二〇一五年　六月二日

幸福の科学グループ創始者兼総裁　大川隆法

神秘現象リーディング 目次

神秘現象リーディング

科学的検証の限界を超えて

二〇一四年五月二十八日　収録
東京都・幸福の科学総合本部にて

神秘現象ファイル2

神秘現象ファイル4

「タイムスリップ・リーディング」とは、リーディング対象に向けて、時間と空間の座標軸を合わせて霊体の一部を飛ばし、過去や未来の状況を透視することである。いわゆる六大神通力の「神足通（幽体離脱能力）」と「天眼通（霊視能力）」をミックスさせた、時空間を超えた霊能力である。

科学的検証の限界を超えて

神秘現象リーディング

二〇一四年五月二十八日　収録
東京都・幸福の科学総合本部にて

〔進行役〕

斎藤哲秀（幸福の科学編集系統括担当専務理事 兼 HSU未来創造学部芸能・クリエーターコースソフト開発担当顧問）〔収録時点・幸福の科学編集系統括担当専務理事〕

〔対象者〕

林洋甫（幸福の科学理事 兼 学生局長）〔収録時点・幸福の科学理事 兼 IT伝道局長〕

井澤一明（一般財団法人いじめから子供を守ろうネットワーク代表）

樋口ひかる（幸福の科学宗務本部学習推進室 兼 ソフト作成担当）〔収録時点・幸福の科学人事局付職員〕

井手裕久（幸福実現党スタッフ）

宗教の原点に立ち返り、神秘体験の「謎解き」を行う

大川隆法　本日は、神秘現象のリーディングを行います。あまり生真面目なものばかりやっていると、息が詰まることもあるでしょうから、「宗教の原点」に立ち返り、〝息抜き〟として、ときどき、神秘体験などについて調べたりするほうが、意外に、いろいろな人の参考になることもあるかと思います。

幸福の科学には、難しい教えや、高次な教えも多いのですが、「あまりにも偉い方が尊い教えばかり説かれているので、信じられない」という方もいると思うのです。

また、「身近な日常に起きる、さまざまな神秘現象等について、現代の科学の

●次元　霊界は多次元世界となっており、この世である三次元世界と、あの世である四次元以降の世界に分かれ、霊人は、各人の魂の悟りや心境の高下に応じた次元に分かれて住んでいる。

力では明らかにできないでいる。それに答えてくれるところは、どこかにないか」というニーズも幅広くあるでしょう。

当会は、主として、いわゆる「四次元、五次元層」あたりの意識の人々のマーケットをまだ十分に耕せていないと思うので、そうした神秘現象の範囲内で、みなが体験するようなものを数多く集めていったほうが、将来的にも役に立つのではないかと考えています。

そこで、今日は、いろいろな神秘体験などをされた方の話を聞いて、「謎解き」をしてみましょう。

●どこかのテレビ番組と競争しているように見えるかもしれませんが（笑）、そのようなことを行ってみたいと思います。

●収録当時、NHK総合の「幻解！超常ファイル」という番組で、宇宙人によるアブダクションなどの超常現象を解明する内容が放送されていた（File-01「私は宇宙人に誘拐された!?」など）。『「宇宙人によるアブダクション」と「金縛り現象」は本当に同じか』（幸福の科学出版）参照。

神秘現象ファイル1

寝(ね)ている間に、「箱型の謎(なぞ)の異物」を胸に入れられた異常体験

体験①――直感的にＵＦＯの存在を感じた夜の出来事

大川隆法　（斎藤に）それでは、お願いします。

斎藤　はい。一番目の対象者は、林洋甫（幸福の科学ＩＴ伝道局長〔収録当時〕）さんです。

大川隆法　はい。

斎藤　宇宙に関する神秘体験とのことですので、ご本人から、お話をしていただきたいと思います。（林に）では、どうぞ。

林　ありがとうございます。

一つ目は、去年（二〇一三年）の三月か四月ごろだったと思います。

ある夜、特に、何か理由があったわけではないのですけれども、直感的に、「ＵＦＯが来ているのではないか」と感じたのです。それで、そのまま寝ると、一瞬、金縛りに遭いました。

そのため、一度、起きたのですけれども、また寝ると、二体の、身長の高いグレイ●のようなものが来たような感じがしました。

大川隆法　はい。

林　映画「天空の城ラピュタ」に出てくるロボットのようなものとは、少し違うのかもしれないのですが、身長が高く、手が長い〝グレイ〟が来て、私の体のな

●グレイ　宇宙人のタイプの一つであり、多数の目撃報告がある。身長は１メートル20センチぐらいと小柄で細身。頭部は巨大で、黒曜石のような色をした大きな目を持つ。なお、グレイは、「サイボーグの一種」であることが明らかになっている（『グレイの正体に迫る』〔幸福の科学出版〕）。

かに、立方体の箱のようなものを、スーッと入れていった感じがしたのです。
ただ、そのとき、「悪い感じはしないな」とは思いました。

大川隆法　うーん。

林　そのあと、これは、夢か現実かよく分からないのですが、どこかの部屋に行くと、そこに、ローマ時代の格好をしている小林早賢（こばやしそうけん）さん（幸福の科学 広報・危機管理担当副理事長〔収録当時〕）のような方が……（笑）（会場笑）。

大川隆法　ローマ時代の？

アニメーション映画「天空の城ラピュタ」（1986年公開／監督・宮崎駿／東映）に登場するロボット兵の模刻（東京・三鷹の森ジブリ美術館）。

林　はい（笑）。ただ、ローマ時代かどうか、正確には分からないのですが……。

斎藤　（笑）いきなり出てきましたね。

林　はい。本当に、小林早賢さんかどうか分からないのですけれども、ローマ時代のような格好をした方が、木馬（もくば）か何かにまたがって……。

大川隆法　木馬に？（笑）（会場笑）

林　はい（笑）。かなり〝翻訳（ほんやく）〟された表現で理解しているかもしれないのですが、「われは偉大（いだい）なり！」という感じのことを言っている映像を、「これは、何だ

就寝中、金縛りの後に現れた、グレイに似た２体の宇宙人が、「箱型の謎の異物」を体に入れていった。

ろう？」と思いながら見ていたのです。

さらに、そのあと、また場面が変わったのですが、体に違和感があったため、夢のなかで、マッサージ師に治療をしてもらいました。

大川隆法　うーん……。

林　そして、朝、目が覚めると、「あれ？　何か入れられたけれども、よく分からない」という感じで、「夢だったのだろうか」と思ったのですが、胸のあたりに少し違和感があって、しばらく、しっくりこなかったのです。

そういう体験が、一つありました。

体験②——不思議な夢から目覚めると左半身にダメージが

林　もう一つは、二〇一三年の十月か十一月ごろだったと思うのですけれども……。

大川隆法　うーん。

林　こちらについても、夢だった可能性がありますし、話の前後が分からないのですが、「ハリー・ポッター」に出てくるヴォルデモートのような者が私のそばに来て、私の胸のあたりに手を当てて、「君の心のすべてを見せてくれ」

2011年公開の映画「ハリーポッターと死の秘宝 PART2」（ヘイデイ・フィルムズ／ワーナー・ブラザース映画）写真右は、主人公ハリーに敵対するヴォルデモート。

というようなことを言いました。

すると、心を、ギューッと吸引していかれるような感覚があって、朝、起きたときには体に違和感が残り、しばらくして、左半身のほうにダメージを負うような感じになってしまったのです。

そのあと、「スーパー・ベガ・ヒーリング」（幸福の科学の精舎で執り行われる病気平癒系の祈願）を受けたら、霊的にかどうかはよく分からないのですけれども、「黒いチップのようなものが取れた」という感じがして、その一週間後には、体が順調に回復していきました。

そういう体験をしたのですが、「夢」と混ざっているかもしれないので、曖昧なところもあります。

ただ、自分の認識としては、アブダクションのような、宇宙人系のものと思われる現象があったと確信しています。

●アブダクション　エイリアン（異星人）による誘拐のこと。体を調べられ、異物を埋め込まれたり、体液等を採取されたりしたあと、記憶を消されて元の場所に戻される。アメリカを中心に数多くの報告がなされている。

ヴォルデモートのような存在が対象者の胸に手を当ててきた。その後、病気平癒系の祈願を受けると、体から黒いチップが取れたような感覚があった。

今回のリーディングの指導霊をオフェアリス神にお願いする

大川隆法　では、行きますか。

斎藤　はい。

大川隆法　先ほどの体験は、それぞれ、一日の間に起こったことなのですか。

林　二〇一三年の三月か四月ごろに起きたものと、十月か十一月に起きたものです。

斎藤　同年の、三月か四月と、十月か十一月の二回ですね。

大川隆法　「春」と「秋」に一回ずつですね。

斎藤　はい。まとめますと、春のほうには、「二体の長身の〝グレイ〟が現れ、そのあと、ローマ時代の格好をした当会のある幹部が、『われは偉大なり！』と言った」という話と、二回目の秋のほうは、アブダクション体験かと思われるようなもので、「朝、目覚めると、胸のあたりにチップを埋め込まれたような違和感があった」ということですね？

林　はい。そのあと、実際に、体の調子が悪くなって……。

斎藤　「スーパー・ベガ・ヒーリング」を受けたら、チップが取れた感じがしたわけですね。

大川隆法　そうですか。

では、まず、「宇宙人もの」と見てよいかどうかですね。

（瞑目し）うーん……。

（約十秒間の沈黙）

では、今日は、（指導霊を）オフェアリスにお願いしてみましょうか。

斎藤　オフェアリス神ですね。

大川隆法　はい。

斎藤　まことに、ありがとうございます。

大川隆法　（額の位置で合掌し）

オフェアリス神よ、どうか、

よろしくご指導ください。

王座に座るオシリスの絵

映画「太陽の法」で描かれたオフェアリス神

オフェアリス神　エジプト神話においては「オシリス」と呼ばれる存在で、幸福の科学では至高神「エル・カンターレ」の分身とされる。6500年ほど前のギリシャに生まれ、のちにエジプトへ遠征した。オシリスの復活神話は有名で、エジプトに繁栄をもたらした王として民の絶大な支持を得ていたが、弟のセトに騙されてナイル川に流され、さらに肉体をバラバラにされてしまう。しかし、王妃のイシスが体の各部分を集めて包帯を巻いて、祈ったところ、オシリスは復活したという。こうして、オフェアリス神は「奇跡」と「神秘」の神であるとともに、「繁栄」と「芸術」の神として、ギリシャ・エジプト文明の源流となった。

小型の〝サーフボード〟に乗って現れた二体の宇宙人の特徴

大川隆法　では、まず、林さんが二〇一三年の春に体験されたことについて、「謎解き」をしてみたいと思います。

（約二十秒間の沈黙）

今、頭のほうから視えてくるのですが……。

確かに、木の葉のような格好の、長細い頭をしていて、後ろのほうがキュッと上に上がっているような感じの者が、二体、視えることは視えます。

その者の体は、グレイと言えば、グレイかもしれませんが、映画「エイリアン」●に出てくるようなものの体にも、少し似ているような気がするのです。

●「エイリアン」　1979年に初公開されたアメリカのSFホラー映画シリーズ。第1作では、巨大な宇宙貨物船に侵入した獰猛なエイリアン（異星生物）に襲われる乗組員の恐怖と生き残りをかけた戦いが描かれている。

頭は、炎がスーッと上がっているような感じになっています。それが、非常に特徴的な感じです。

さらに、目はかなり丸くて、大きい目をしていますね。

（両掌を上に向けて）これは、何なんだろう。

（約二十五秒間の沈黙）

うーん。うーん……。

（約十秒間の沈黙）

うーん……。（右手の親指を額につけて）乗り物も、視えることは視えますね。

最初に視えるものは、すごく小さいものなのですが、その宇宙人らしい者が、腹ばいになって乗るような乗り物なのです。

腹ばいになって、ホバークラフトではないのですが、そういう、小さなものに乗って、スーッと、そのまま……。

スケートボードよりも、もう少し大きいものですけれども……、ああ、そうか。これは、ウィンドサーフィンか何かに使うぐらいの大きさのボードが、機械化されたものではないでしょうか。

そういう小型のものの上に、（両手を上げて、うつぶせになるようなしぐさをし）こういう感じで横になって乗り、飛んでいるシーンが視えますね。これは、移動していくときの手段ではないかと思われます。

どういうかたちで接近してきたのでしょうか。

（林に）あなたが住んでいる家の部屋やその周りは、どのような感じになっていますか。

林　一軒家（いっけんや）の地下一階です。

大川隆法　一軒家の地下一階ですね。

うーん……。確かに、二人、視えます。頭は、（右手を下から上に弧（こ）を描くように動かしながら）こんな感じになっていて、サーフボードのようなものに乗っていますが、おそらく、サーフボードではないはずで、乗り物だと思います。

これは、彼らが乗って、外を飛ぶものなのでしょう。

そういうものを使って来ていると思います。

神秘現象ファイル1

寝ている間に、「箱型の謎の異物」を胸に入れられた異常体験

就寝中に現れた2体のグレイに似た宇宙人は、サーフボードのようなものに乗って地球に飛来していることが明らかになった。

対象者が「脱地球」を目指せるよう導きに来た？

大川隆法　それで、何をしに来たのでしょう？（宇宙人に）何をしに来たのですか。（約十秒間の沈黙）「あなた（林）は、地球なんかにいるような人ではないのだ」と言っていますね。

これは、どういうことなのでしょうか。

斎藤　「地球にいる人ではない」とは、どういうことでしょう？

大川隆法　「本来、地球にいる人ではないのだ」と言っています。その心は、どういうことでしょう？

（約五秒間の沈黙）

「もっと重要な使命があるにもかかわらず、その使命を放棄して、普通の人間として生きようとしたので、自分たちとしては、早めに、本来の使命に立ち返らせねばならんと思い、ときどき点検に来て、早く『脱地球』を目指せるように導けないか考えている」と言っています。

斎藤　「脱地球」ですか。

大川隆法　ええ。「こんなところにいたのでは、本当の仕事は、まだできないから」と……。

斎藤　では、導くために地球に？

大川隆法　うーん……。（林は）〝執着〟があって、地球に〝舞い戻って〟いるらしいのですが、「これでは、本来の仕事ができないのではないか」ということで、彼らは、（林を）宇宙空間のどこかに連れ去りたい気持ちを持っているように見えます。

斎藤　はあ。

大川隆法　おそらく、どこかほかのところにも、彼の〝職場〟というか（笑）、〝仕事場〟があるのではないでしょうか。きっと、この人（林）が、ほかに働ける場所が、どこかにあるのですね。

斎藤　ほお。

体のなかに入れた「箱」の正体とは

大川隆法　（右手を林にかざし）もう少し、読んでみます。

斎藤　はい。

大川隆法　二人が来たことは分かりました。

（斎藤に）彼が、体に箱のようなものを入れられたのは、このときですか。

斎藤　そうです。

大川隆法　（宇宙人に）「体に箱のようなものが入った」と言っていますが、そのようなものを、何か入れましたか？

（林に）どのくらいの大きさでしたか。

林　（両手で二十センチメートルぐらいの立方体を示しながら）このくらいです。

大川隆法　それは、かなり大きいですね。

林　はい。

（約十秒間の沈黙。ここから、霊的能力のうち、ミューチュアル・カンバセーション〔相互会話（そうご）〕能力を用いて対話が始まる）

大川隆法　基本的に、「あなた（林）は人間ではないのだ」と言っています。「要するに、地球には、〝地球モニタリング装置〟として来ているにしかすぎないのだ」と……。

斎藤　はあ。

大川隆法　「その箱は、一種の電脳組織型のもので、目には見えないけれども、あなたを通じて起きた地上の体験を、全部、転送（てんそう）させるためのものなのです。おそらく、これは、地球の物理的なものではキャッチすることができないものであると思われます。異次元的な存在として、身体に同時に存在しているものであり、言わば、テレビみたいなものを、身体に取り付けられたと思ってください。その〝テレビ〟のスクリーンに映った世界が、別の世界に転送されて、他のところからモニタリングができるようになっています。これを、地球の今の技術で見破るのは、簡単なことではないはずです。

別のところで、これをモニタリングしてデータを分析しています。

本来、この人（林）は、そちらのほうの側にいて、そちらのほうで、『センター長』のようなかたちで判断をしなければいけない立場にいる人なのです。ところが、退屈したのかもしれないけれども、自分のほうが、こちら（地球）に来てしまって、こういう仕事をしているので、仕事になっているのかどうか、気になっています」と言っていますね。

〝モニタリング装置〟を通して、宇宙人に語りかける

大川隆法　もう少し素性（すじょう）を明らかにしたいですか。

斎藤　はい。

今、彼の身体には、体験したことを別の世界へ送る転送装置が備わり、モニタリングされていることが分かりましたが……。

大川隆法　これは何だろう？　これは、以前、ロシアに亡命（ぼうめい）した……（笑）。

斎藤　元ＣＩＡのスノーデンでしょうか。

大川隆法　そうです。スノーデンです（笑）。〝宇宙のスノーデン〟のようですね。

斎藤　彼は〝宇宙のスノーデン〟ですか（会場笑）。

大川隆法　〝宇宙のスノーデン〟と化しています（笑）。

斎藤　情報解析官ですね。

大川隆法　当会の情報が、全部、解析され、転送されています。

斎藤　（笑）

スノーデン　元CIA（中央情報局）職員。2013年5月に、アメリカ合衆国の諜報機関である国家安全保障局（NSA）の盗聴の実態と手口を内部告発し、その後、ロシアに亡命した。

大川隆法　場所柄としても、今、彼のいるところは、そういう部署ではありますね。

全部、暗号化して送られている可能性が……。

斎藤　そういう可能性があります。

大川隆法　今、見られて恥ずかしいことは、何もありませんけれども……。では、私のこの姿も、今、どこかへ転送されて、映っているはずですね。

斎藤　ええ。宇宙の彼方に……。

大川隆法　こちらとしては、「地球もよいとこ、一度はおいで」と声を掛(か)けなければいけませんね。

斎藤　（笑）

大川隆法　（宇宙人に）隠(かく)れずに、そちらから出てきなさい。出てきたらよいのに、きちんと出てこないから、ＮＨＫなどが、ＵＦＯを否定するような番組を組むのです。男なら、堂々と出てきなさい。まあ、女性でもよいのですが……。

斎藤　今、この言葉は、どんどん、宇宙のほうに伝わっていくということですね（笑）（会場笑）。

大川隆法　そのような、はるかに遠いところで隠れていて、モニタリングするなんて、なんという卑怯なやり方であるか（笑）。

そのやり口は、地球人には合いません。合わないから、みんな、信用しないわけです。「そういう、スノーデンのようなことをするでない」と、私は言いたいですね。

斎藤　（笑）はい。

対象者と宇宙人との関係は「上司」と「部下」？

大川隆法　どちらかの宇宙人と話をしたほうがよいでしょうか。「偉いほうの人」と、少し話してみましょう。

斎藤　そうですね。

大川隆法　では、「偉いほうの人」と話します。（進行役と対象者に）質問があれば訊いてくださって、結構ですよ。伝えますから。

林　（宇宙人に）あなたは、どちらの星の方ですか。

大川隆法　うーん……。「今、木星の衛星に、基地をつくっているのです。木星の衛星に基地をつくって、今、そこから、地球のほうに出たり入ったりしています。そういう前線基地にいる者です」と言っています。

「本当のミッションが、どこまであるかについては、申し上げることができないけれども、地球の進化具合をチェックする仕事をしているということは言ってもよいかと思います。

あなた（林）も、その仲間であるし、本当は、責任者の一人です。

地球が〝巡航速度〟で進化しているかどうか、あるいは、変化させるべき時代に変化させるか等、トータルのコントロールをする『コントローラー』というのが本当の使命なのだけれども、あなたは、そういう〝画面〟を見ているのが退屈になり、自分も、地球に生まれたくなって、出てきたのです」と。

斎藤　なるほど。

大川隆法　「徳島あたりに出たら、会えるのではないかと思って出てきたのではないでしょうか」ということを言っていますね（注。徳島は、大川隆法の生誕地。対象者の出身地も同じ）。

「われわれは、かなり、（地球に生まれるのを）止めたのです。『もし、退化したら、どうするのだ』『帰った後、退化する可能性がある』と言って、止めたのですが、言うことをきかなかったので……。

だから、責任上、まあ、立場は、自分たちのほうが部下ではあるけれども、言うことをきかずに暴走する上司を、今、ずっと、モニタリングして見ています」

と言っています。

〝暴走上司〟だそうです。

斎藤　彼は、暴走上司だったのですね（会場笑）。

大川隆法　座っているのに退屈して……。

斎藤　飛び出してしまったのですか。

大川隆法　現場主義で、「自分で進化を体験しなければいかん」というので、出てきているようです。

「救世主体験の一部」を経験したいと願い地球人となった対象者

大川隆法　彼（林）は、宇宙人ですね（注。林は以前のリーディングで、蟹座から来た宇宙人の魂であることが判明している。『宇宙人リーディング　未来予知編』〔宗教法人幸福の科学刊〕、『宇宙からの使者』〔幸福の科学出版刊〕参照）。

斎藤　地球文明における進化のコントローラーの一人で……。

大川隆法　そうですね。

林　私は、その星から、直接、魂として人間に入ってきたのでしょうか。それとも、地球霊界のほうへ行って、人間として生まれてきたなど、そのようなことはありませんか。

大川隆法　おそらく、魂は、宇宙人だと思います。「宇宙人の魂」なのだと思うのですが、誰か生まれる予定であった人を〝吹っ飛ばして〟、肉体に入ってきたのではないかと思います（会場笑）。

斎藤　誰かを押し出したようですね。

大川隆法　「生まれる予定の人」を蹴飛(けと)ばして入ってきたのではないかと……。

斎藤　〝腕力(わんりょく)〟ですね。

大川隆法　そのようですね。

林　そうですか。それは申し訳なかったです（会場笑）。

斎藤　では、押し出してしまった人の分と、〝二人分の責任〟がありますね（笑）。

林　本来、予定されていた方は、きちんと、別のところに生まれたのでしょうか。

大川隆法　「本来、予定されていた方は、あなたの〝弟〟として生まれたのではないですか」と言っています（笑）（会場笑）。

林　ああ……。

斎藤　（林に）そういうことだそうですよ。

大川隆法　（弟に）〝勝った〟わけですね。お兄さんは、さすがに強いようです。

林　なるほど。

ところで、私の「宇宙人の魂」は、やりたいことがあって、地球に来たわけですね？

大川隆法　「ええ。地球の人口が、ずっと緩(ゆる)やかに低い速度で伸(の)びていたのが、十八世紀、十九世紀、二十世紀で、グワーッと上がっています。

こういう時期というのは、歴史的に、何かが起きる時期なのです。巨大(きょだい)な人口が増えた後、何が起きるのか。こういうときには、さまざまな破壊(はかい)的な現象、つまり、戦争、および、地球の環境(かんきょう)破壊、その他、宇宙からの介入(かいにゅう)など、いろいろなことが起きて、文明が滅(ほろ)びたことが、過去、何度もあります。

そういう時期が近づいてきていると見て、『モニタリングしているだけではなく、自分も、当事者体験をしてみたい』と思い、降りてきたのです。

宇宙をテーマにしたアニメーション映画「UFO 学園の秘密」（大川隆法製作総指揮／幸福の科学出版）が 2015 年秋に公開予定。

そして、生きている間に、インストラクターとして、地球人に対し、何らかの導きを与えられるような仕事ができればよいなと……。要するに、『救世主体験の一部』を経験してみたいという気持ちを起こしたのだ」と言っています。

斎藤　なるほど。

大川隆法　「要するに、コントローラーとして、文明の進化を見ているだけでは退屈してしまい、実体験をしたくなってきたのです。恐怖体験のようなものをしたくなって、たとえて言えば、ディズニーランドの乗り物で、洞窟の穴から降りてくるような、あんな感じのを、一回、体験してみたかった」というような感じで言っていますね。

地球レベルでメッセージを伝える仕組みをつくり上げるはず

斎藤　今、彼は、ＩＴ伝道局という、ＩＴ部門の先端（せんたん）技術の分野に勤めていますけれども（収録当時）、「科学」との関係についてはいかがでしょうか。

大川隆法　「大いにあると思います」と言っています。「本人のデザイア（願い）が実現するとしたら、やはり、ものすごく速度を上げて地球レベルでメッセージを伝えるような仕組みをつくろうとするはずです」と言っていますね。

斎藤　地球レベルでメッセージを広げる？

大川隆法　ですから、「古いかたちでの宗教の伝道の伝播速度では、やはり、とてもではないが全人類に届かないので、何らかの新しいシステムをつくり上げようと思って出ているはずだ」と言っています。

斎藤　なるほど。

ローマ風の装いで夢のなかに出てきた幸福の科学幹部の正体とは

斎藤　あともう一つ、先ほど、「ローマ風の……」という話が出たんですけれども、これについて、何かコメントはありますでしょうか。

大川隆法　映画の「テルマエ・ロマエ」（二〇一二年公開）か何かを観て、「小林早賢によく似てるな」と思ったりしたんじゃないですか。

林　いえ、残念ながら、「テルマエ・ロマエ」は観ていないんです。

大川隆法　観てない？　そうですか。

斎藤　その「謎」が一つだけ残っています。

大川隆法　うーん。そうですか。

では……、彼はあなたの夢に出てきて、何をしたのですか。

斎藤　先ほど、「木馬にまたがっていた」と

映画「テルマエ・ロマエ」(2012年公開／原作・ヤマザキマリ／東宝) 古代ローマ人の浴場設計技師が現代日本にタイムスリップし、日本式風呂の知恵をローマの浴場設計に取り入れていくストーリー。

言っていましたが。

大川隆法　木馬？

林　いえ、そういう「映像」を見せられただけです。

大川隆法　映像を。それで……。

林　「われは偉大なり」と言っていました。

大川隆法　「われは偉大なり」？（会場笑）

林　実際には、この方はそう思っていないかもしれませんが……。

大川隆法　「アッラーフ・アクバル」（「神は偉大なり」という意味。イスラム教における礼拝(れいはい)への呼びかけの言葉）みたいですね。

斎藤　何か、特別なことを（笑）、〝お語り〟になって……。

大川隆法　実は、向こうが「ローマ時代に生まれたことがある」と言ってきているかもしれないということですか。

それでは、そこのところをもう少し調べてみましょう。

教団における自分への認識を変えさせるために現れた

大川隆法 （林に右手をかざし、時計回りに何度も回す）小林早賢的なローマ人が出てきて、「われは偉大なり」と言ったとのことですが、この意味について教えてください。

（約二十五秒間の沈黙）

やはり、小林早賢さんのほうからのメッセージが入ったみたいですね。

斎藤 え？ 本当ですか（笑）。

大川隆法　受信しました。

斎藤　本当だったんですか。

大川隆法　ええ。受信したようですね。

斎藤　はあーっ。

大川隆法　「自分は〝逃げてばかりいる〟というような認識をみんなに共有されていることが、非常に納得がいかない」というか、自己イメージとしてはちょっと納得がいかないので、「逃げてばかりではなくて、成功して勝った場合もあるんだよ」ということを言いたかったようです（注。小林早賢の過去世は、以前の霊査で徳川十五代将軍慶喜であることが判明している。『白銀に輝くクジラ型宇宙人』〔宗教法人幸福の科学刊〕参照）。

斎藤　ああ、そうですか。やはり彼の〝個人的なメッセージ〟に基づく体験談だったんですね（笑）。

大川隆法　「小林早賢の過去世のなかには、ローマ時代のように、ちゃんと戦いに勝って、凱旋したこともあったんだ。それをしっかりと伝送しろ」というような感じでしょうか。

斎藤　ああ……（会場笑）。「広げろ」ということですね。今、まさに現実化しています（会場笑）。つまり、その目論見が成功したということですね。

大川隆法　ええ。「小林早賢さんの（過去世）からして、何を任せても、いつも逃げるんじゃないか」と、みんなが疑っているところを、「それは〝刷り込み〟であって、そんなことはない。『三十六計逃げるが勝ち』の場合もあるけれども、人生が戦いのときもあって、勝利の場合もあるんだ。ローマについて、もっと丁寧に調べたら、カエサル以外にも立派な皇帝はいるんですよ」ということです。

斎藤　（笑）なるほど。

夢に出てきたのは、映画「テルマエ・ロマエ」に登場する皇帝

大川隆法　彼は「観てない」と言っていましたが、映画「テルマエ・ロマエ」の舞台となったころの皇帝か何かではないでしょうか。

斎藤　ああ……。なるほど。

大川隆法　浴場をたくさんつくらせた皇帝とかいましたね。

斎藤　はい。ございました。

大川隆法　あのころも外で戦いをしていましたが、兵士の傷を癒すために、温泉とか、そういう〝お湯〟の場所をつくって、癒しを与えていたのでしょうね。

今のアメリカ軍の戦法に似たスタイルなんですよ。「兵士たちに休息を与えて、元気にさせる、回復させる」という考え方のもとは、このローマ方式なんです。

斎藤　なるほど。今、また、「テルマエ・ロマエ」も流行(はや)っていますからね（注。この収録の約一カ月前の二〇一四年四月二十六日より、映画「テルマエ・ロマエⅡ」が上映された）。

大川隆法　そうそう。

斎藤　ハドリアヌス帝でしたでしょうか？　あるいは、カラカラ帝……。

大川隆法　いや、有名な浴場を建てたのはカラカラ帝ですが、映画はハドリアヌスあたりじゃないですかね。

斎藤　はい。ハドリアヌスだったと思います。

大川隆法　ええ。確かに、遠征して、戦いに勝って、その人たちを温泉に入れて、傷などを癒したりするシステムをつくった人がいましたね。

斎藤　なるほど。〝トレンディ〟な皇帝でいらっしゃいます（笑）（会場笑）。

大川隆法　映画の撮影はすでに進んでいたのかもしれませんが、一年前に夢に出てきて予告をして……。

プブリウス・アエリウス・トラヤヌス・ハドリアヌス（76 ～ 138）
ローマ帝国ネルウァ＝アントニヌス朝第３代皇帝（五賢帝の一人）。帝国各地をあまねく視察して周辺地域への防衛策を講じるとともに、法律や行政制度の改革・整備を行った。

斎藤　なるほど。「文明を進化させた」という活躍を伝えさせに来た

林　何か「宇宙的なつながり」はあるのでしょうか。

大川隆法　たぶん、その時代にも、何か関連があったのだろうと推定されます。

斎藤　林さんとでしょうか？

カラカラ帝(188 ～ 217)　ローマ帝国セウェルス朝第２代皇帝。本名ルキウス・セプティミウス・バッシアヌス。身内や貴族の粛清を行った暴君として伝わるが、民族・人種差別の撤廃や、大浴場建設等の業績でも知られる。「カラカラ」という呼称は、フード付きの衣服を好んで着ていたことに由来するとも言われる。

大川隆法　ええ。

斎藤　わりと親しい感じにありますね。

大川隆法　ですから、「かつてもローマに〝取材〟に来ているはずで、それをちゃんと伝えなければいけない」と……。

斎藤　なるほど。「過去世の自分の活躍を伝えろ」と。

大川隆法　そうです。要するに、「地球の文明の進化を調査しているのだろうから、その文明を進化させた人は誰で、どこでティッピングポイントを越えて文明が進化したのか。やはり、そこをよくつかまなければならない」という……。

●ティッピングポイント　アイデアや流行、社会的現象などが、突如、一気に全体に行き渡るようになるポイントのこと。

斎藤　後進に対して、「私を忘れるな」という一つの差し込みが入ったわけですね？（林に）お分かりになりましたでしょうか（笑）。

林　刻印（こくいん）されていました。

宇宙に向けて凛々（りり）しい姿を広報したかった？

大川隆法　それがなぜ、その日に入ったかはよく分からないのですが、私としては、「あちらから売り込みに来た」というような感じを受けます。

斎藤　なるほど。

大川隆法　宇宙人の二人が〝箱〟を入れに来たのとは、直接の関係はないのですが、テレビみたいなものが入ったとしたら、「わしを映せ」と言ってきた可能性がないこともないですね。「宇宙に向けて発信！」ということでしょう。

斎藤　発信せよと。

大川隆法　自分の情報の〝広報〟をしたかったということです。

斎藤　（笑）今、小林早賢さんは広報のお仕事をなされていますから（収録当時）。

大川隆法　「宇宙に向けて、凜々しい姿を広報したかった」ということで、ローマの皇帝のお姿か何かで現れたのではないかと推定されます。

斎藤　はい。以前の宇宙人リーディングで、ご本人の意識は、白銀の巨大なホエール、クジラ型の宇宙人だとおっしゃっていました（前掲『白銀に輝くクジラ型宇宙人』参照）。

大川隆法　ええ？　何？

斎藤　クジラ型宇宙人のころは、「惑星ごとパクッと食べてしまった」という話がございました。

大川隆法　やはり、話はそうとう大きいですね。

斎藤　はい。食べてしまった……（笑）。

大川隆法　「星ごと食べる」って？

斎藤　「星ごと食べる」と言っていました。

大川隆法　うーん、実際は、イルカぐらいだったりしてね（笑）。

対象者が持つ「人物眼（がん）」によってイメージチェンジを図（はか）った

大川隆法　まあ、ＰＲといいますか、確かに、あなた（林）のところをついて、当会のなかにおける自分へのイメージを、少しチェンジさせたい気持ちはあるみたいですね。

斎藤　イメージチェンジを図りたいということですね？

大川隆法　あなた（林）には、普通の人とは少し違った角度からの人物眼があるはずですから、「小林早賢はそんな人ではなくて、こういう特別な才能を持っている立派な方なんだ」と、〝観の転回〟をさせて、それをみんなに知らしめて、彼のなかでのイメージチェンジを図りたいというような感じです。

斎藤　ものすごく〝宇宙的なやり方〟でやってくるんですね（笑）（会場笑）。これは、〝間接〟技ですね。

大川隆法　ええ、あちらも大きいんでしょう（笑）。

斎藤　この〝計〟に、はまりました（笑）。

大川隆法　うーん。何か、そういうのを期待しているようですね。たまたま時期が重なりましたが、この件はそんな感じです。

斎藤　はい。分かりました。

心臓に埋め込まれたチップの正体とは

大川隆法　もう一つ、神秘体験がありましたね。それがあったのは十一月ごろですか。

斎藤　ええ。十月か十一月でした。

大川隆法　これは、先ほどの話のポイントによれば、チップのようなものを入れられた感じがしたんですか。

斎藤　「心臓にチップが入れられた」と言っていましたね。

林　はい。

大川隆法　それで、祈願の「スーパー・ベガ・

謎のチップが「地球外物質」と判定された事例

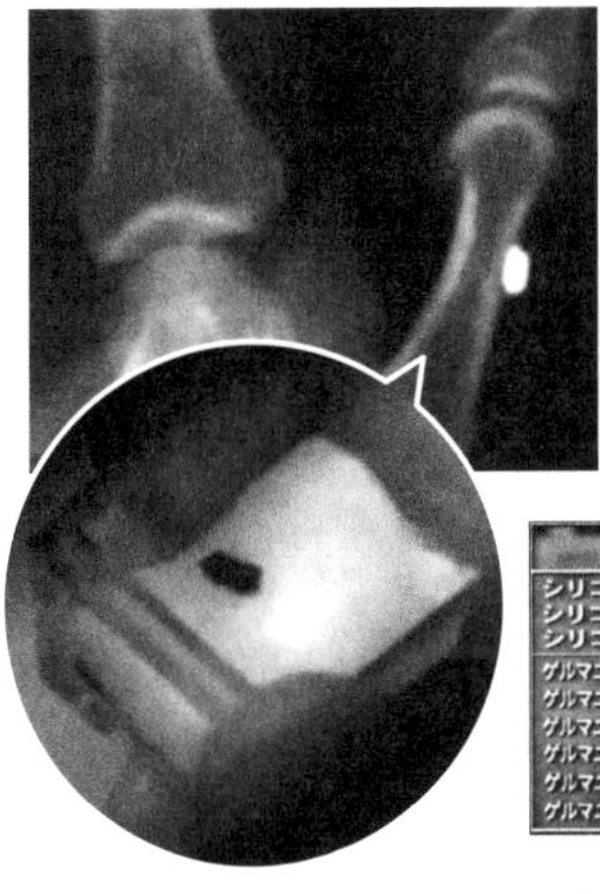

アブダクションに遭ったと思われるアメリカ人男性の左手親指から摘出されたチップ状の謎の物質を、カリフォルニア大のラッセル・B・クラーク博士が分析した結果、「地球外物質と考えざるをえない」と公表された。

	自然界の存在比	ポールのインプラント
シリコン28	92.18	26.55
シリコン29	4.71	43.28
シリコン30	11.78	30.16
ゲルマニウム70	20.52	0
ゲルマニウム72	27.43	94.46
ゲルマニウム73	7.76	3.28
ゲルマニウム74	36.54	2.11
ゲルマニウム75	0	0.11
ゲルマニウム76	7.76	0.04

◀謎のチップを分析したところ、同位体元素比率が地球の物質とは大きく異なる結果に。

（2000年8月15日フジテレビ放送「火曜ワイドスペシャル」から）

ヒーリング」を受けたら、それが出たような気がしたわけですね。

斎藤　はい。「スーパー・ベガ・ヒーリング」で取り出された気がすると言っていました。

大川隆法　また、朝起きたときには違和感があったということですね？

林　違和感があったので……。

大川隆法　はい。では、その件についてはどうでしょうか。

（両手の人差し指と中指の両方を立てて、両腕を交差させる。約三十秒間の沈黙）うーん……。（約十秒間の沈黙）主体は同じだろうと思うんですが、たぶん同じような人たちだと思うのですが、この人の体を、少し心配しているところがあるように視えますすね。

林　なるほど。

斎藤　心配をされている？

大川隆法　ええ、心配しているんですね。特に、心臓のところを心配しているように視えます。私はよく知らないのですが、「なぜかというと、(林は)けっこう激昂(げっこう)しやすいんだ」と言っているんです。

斎藤　激昂ですか。

大川隆法　うーん、そうなのかは知りませんが。

斎藤　短気ということですね。外からは、全然、そのようには見えませんが。

大川隆法　そうではないようにも見えるのだけれども、けっこうカーッと来るタイプらしいです。それで、「将来、いろいろな心労や負担がかかると、場合によっては、心臓が悪くなる可能性があるので、定期的にチェックを入れているんだ」ということを言っているんですね。

これは、この世の医学のものとは少し違うし、いわゆる、UFOによるアブダクションで行われるような「埋め込みチップ」とも少し違うのですが、心臓機能を一定期間、調べようと思って入れたものらしいです。

地球で体が健康に動いているかをチェックしていた

大川隆法　例えば、宇宙飛行士の体に起こった変化は、全部、地上のNASA（ナサ）でつかんでいるんですよね。体温の変化から、いろいろな身体機能が正常に動いているかといったことが、NASAのほうに中継（ちゅうけい）されて、調べられているのですが、あの〝逆バージョン〟のような感じです。

斎藤　なるほど。

大川隆法　地球で、ちゃんと健康に体が動いているかどうかというあたりを、チェックしているものなのでしょう。

そのころに、この人を取り巻く環境がどうであったかは知りませんが、何か心配されるようなストレス状況などがあったのかもしれません。そのへんのところはよく分からないのですが、これは、周りを見るためではなく、この人の体に対して、健康診断的なモニタリングをしようとして、チェックを入れたみたいですね。

向こうのほうで、毎日毎日、体のリズムや変化、あるいは、体調などの情報を取っていたようですが、「スーパー・ベガ・ヒーリング」を受けに行かれたので、外れたみたいです。

斎藤　健康診断のために入れたチップが取れてしまった（笑）（会場笑）。

大川隆法　ええ、取れましたよね？

宇宙服には高度な科学技術が凝縮されており、生命維持のため、船外活動時には地上のコントロールセンターから心電図データ等のモニタリングが絶えず行われる。

林　はい。

斎藤　（笑）（会場笑）「何がよくて、何が悪いのか」ということが言いにくくなってきましたが（笑）。

大川隆法　〝異物〟と見て、取れてしまったらしいです。

斎藤　なるほど。

大川隆法　「いちおう、一定の期間は調べたので、まあ、いいか」ということのようですが、おそらく、ストレスの多い仕事なんでしょうね。

斎藤　悪いものではなかったということで、お守りしてくださる……。

大川隆法　ですから、「外側を調査する」か、「本人のほうを調査する」かの両方があるんです。

斎藤　はい。なるほど。

大川隆法　ＮＡＳＡの宇宙飛行士がチェックしているのと同じで、この人は、宇宙飛行士代わりに地球に来ているということですね。

日本人に〝お化け〟になってくださり、ありがとう（笑）。

林　（苦笑）

斎藤　はい（笑）。衝撃（しょうげき）的な内容でした。

大川隆法　「進化」に役立ってくだされればありがたいです。〝怪（あや）しげ〟な魂ではありますが、ここまではモニター機械と共存しているんですね。

斎藤　（笑）はい。

いろいろな星の人が「地球文明」をモニタリングしている

大川隆法　でも、ほかにもいるんですよ。モニタリングしている人や中継している人が。

斎藤　幸福の科学の活動もすべて、宇宙にも出ているわけですね。

大川隆法　中継している人は、いろいろな星にたくさんいるのです。この人は、いまのところ、偵察(ていさつ)の前線部隊のところまでしか言いませんでしたが、みな、太陽系圏内(けんない)には基地をつくっているだろうと思います。

斎藤　宇宙人は、木星などに前線基地を持っておられるんですね。

太陽系の準惑星セレスの表面に輝く謎のスポット

2015年2月、NASAは、火星と木星の間にある準惑星セレス（ケレス）の表面に、白く輝く正体不明のスポットを確認。5月には、無人探査機「ドーン」が約1万km上空からの撮影に成功した（左）。NASAのホームページ（上左）で、謎のスポットは何だと思うかアンケートを取ったところ、「火山」「間欠泉」「氷」などの項目を抑え、「その他」を選んだ人が40%でトップ（上右）。「世紀の新発見」への関心の高さをうかがわせる。

大川隆法　どこから調べに来ているのか、その元は分かりませんが、先ほど述べたような、サーフボード型の小型のものでやって来ていますね。

これは、北朝鮮が使うものよりは、何か"あれ"ですが（笑）。特殊部隊が使いそうなものであって、こんなものは初めて見ました。

斎藤　そうですか。

木星の主要衛星で「人工的な建造物か」とも指摘される謎のスポット

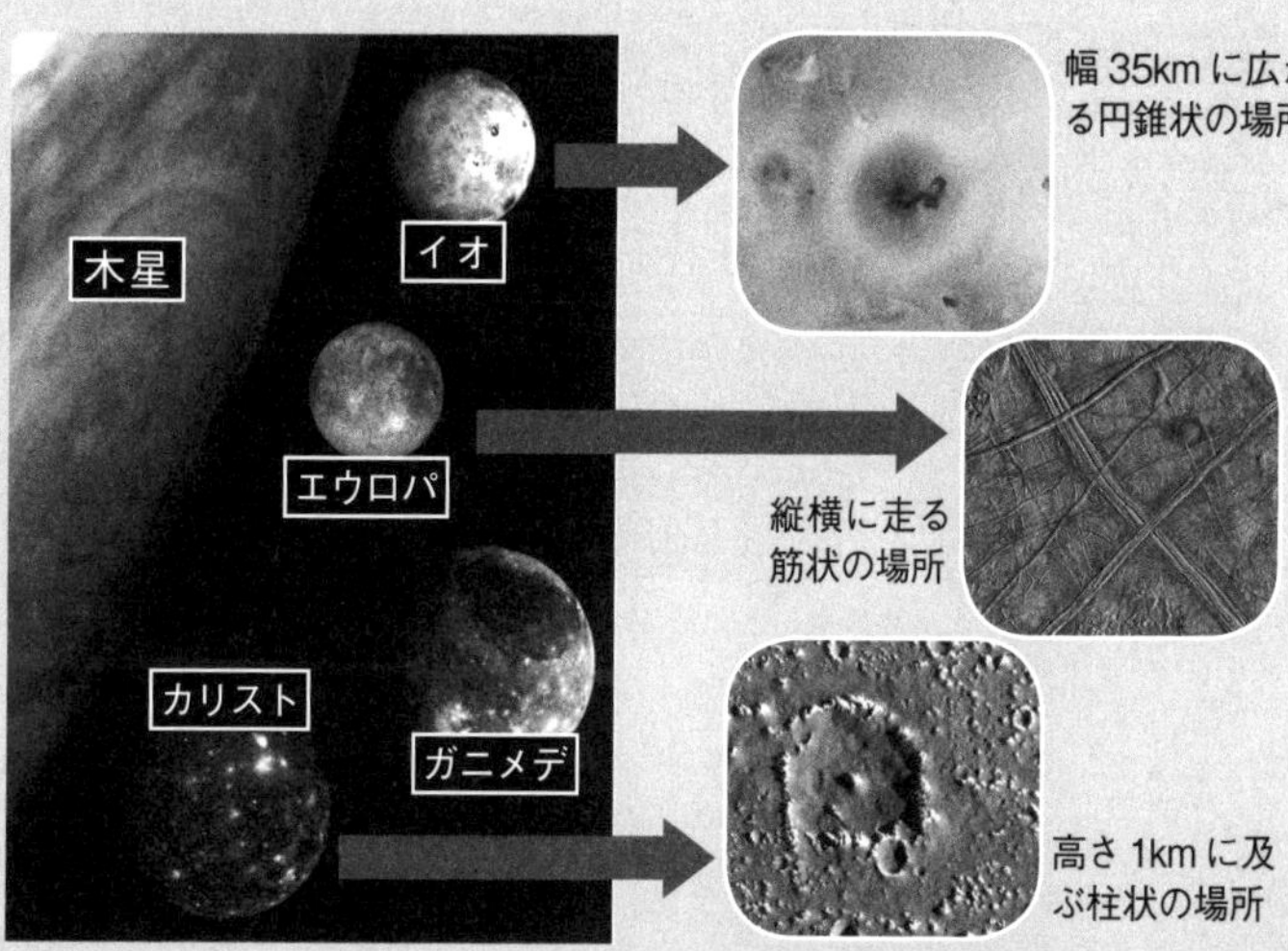

一連の神秘体験は、宇宙にいたときの部下によるものだった

大川隆法　まあ、あなた（林）の「お仲間」であって、「部下」でもあるらしいですから、危害は加えないと思います。

あとは、あなたの仕事を見ているわけです。

林　はい。

大川隆法　「どこかで、幸福の科学の活動を幾何級数的に拡大するような何かをやってのけなかったら、上司としての尊敬は失われる」ということのようですね。

斎藤　なるほど。プレッシャーをかけられています（会場笑）。

大川隆法　見られているようなので、どこかで、それをしていただきたいということでしょう。

斎藤　将来を楽しみにしていますので、地球的規模の発展に向けて、よろしくお願いします。

大川隆法　まあ、そんなに心配することはないと思います。今度お会いになったら、「ちょっと話をしようじゃないか」と言って、話をなさったらいいと思います。

「上司に対して礼儀（れいぎ）ぐらい守れよ」とか言って、少し話をしたらいいと思いますし、逆に、「そちらの情報も少しは寄こせよ。どうしたらいいと思っているんだ」ぐらいのことは言ったほうがいいのではないですか。

林　はい。

大川隆法　見ている視点が違うので、あちらからは違うように見えているんだと思いますし、おそらく、いろいろなところに入って「定点観測」をしているのでしょう。さまざまなところから情報を取って、管制室みたいなところでチェックをしているのだと思います。

たぶん、モニタリングしている相手は、世界各地にいるはずです。ですから、「そういう情報下で何かアドバイス等があるなら、ちゃんとしてくれ」ということをお願いすればいいのではないでしょうか。

相手は部下ですから、大丈夫です。身に危険が及ぶようなことはないでしょう。

斎藤　（林に）おめでとうございました（笑）。

大川隆法　おめでとう……（笑）。

斎藤　現れた宇宙人たちは、結論的には、はっきり言って、〝部下〟だということでしたので安心ですね。

大川隆法　（林を指し）〝目つき〟が厳しくなっていますが……（笑）。

林　いえ、ありがとうございました。

神秘現象ファイル2

妖怪化した子供の不成仏霊に取り憑かれた体験

「目が覚めたと思ったら、体から出ていた」という体験

斎藤　それでは、二人目は井澤一明さんです。井澤さんは、「いじめから子供を守ろうネットワーク」の代表を務めていらっしゃいます。

大川隆法　さぞかし、ストレスの多い仕事でしょうね。

井澤　よろしくお願いいたします。

斎藤　それでは、神秘現象の体験をお話しください。

井澤　昨年のことだと思いますが、寝ていたら、フッと意識がすごくクリアにな

りまして、「目が覚めたんだな」という認識をしました。それで、横にある時計を見ようと首を回したときに、「体から出ている」ということに気づきました。

大川隆法　なるほど。

井澤　それで慌てて、「戻らなければ」と思って、何か〝あがいた〟ような感じでしたが、「（肉体に）入ったな」と思ったら、もう朝になっていたという……。

大川隆法　朝になっていた？

井澤　はい。

斎藤　いわゆる、「幽体離脱体験」ですか。

井澤　はい。幽体離脱体験ですね。

斎藤　〝シンプル〟ではありますす（苦笑）。

大川隆法　そのほかの体験はないですか。隣の時計を見に移動したあたりは……。

井澤　いえ、枕元にある時計です。

大川隆法　「枕元に置いている時計を見に移動した」という記憶ぐらいしかないまま、朝になってしまったのですか。

●幽体離脱　生きている人間の肉体から、一時的に霊魂が抜け出す現象。

井澤　はい。

大川隆法　かなり短いですね（会場笑）。トリップとしては、少し短いです。

井澤　そうです。

斎藤　それは、頻繁にあるわけですか。

井澤　幽体離脱体験は、（幸福の科学に）入ってから三回ぐらいでしょうか。それ以外では、「瞑想の修行中に、ふと気がつくと宇宙が見えていた」というような体験もしたことがございます。

大川隆法　はいはい。なるほど。
では、神秘現象まで行くかどうかは分かりませんが、調べてみます（瞑目し、顔の前で両手を交差させる）。

（約二十五秒間の沈黙）

「カオナシ」に似た妖怪がのしかかっているのが視える

大川隆法　うーん……。幽体離脱というよりは、井澤さんが寝ているところが私には視えるのですが、何か上から、何だろう……。実体がはっきりしないのですが、少し黒みを帯びたスモーク（煙）のようなものが、体の上に覆い被さっているのが視えます。

斎藤　黒みを帯びたスモーク!?

大川隆法　幽体離脱ではなくて……、本人は寝ているのですが、上に、黒っぽい霞(かすみ)のような、形のはっきりしないものが動いているのが視えます。もしかしたら、これは幽体離脱ではないかもしれないですよ。

井澤　そうですか。

斎藤　どのようなものでしょうか。

大川隆法　この正体は何だろう?

井澤　悪いほうのものでは……。

大川隆法　「いじめから子供を守ろうネットワーク」をしているとのことなので、いろいろなところから想念を受けていると思います。

今のところ、映画「千と千尋の神隠し」に出てくる「カオナシ」にいちばんよく似ているように思えるのですが、ずばり、同じではないかもしれません。

（井澤にかざした右手を回しながら）ちょっと待ってください。もう少し意識を集中してみます。

（約五秒間の沈黙）

これは……、やはり妖怪(ようかい)ですね。

斎藤　妖怪ですか。

大川隆法　はい。妖怪が来ていますね。あなたに妖怪がのしかかってきています。妖怪のようなものです。煙(けむり)のようなもので出来上がった体が視えます。半透明(とうめい)で、透(す)き通っているように視えます。

半分透けているようなものが来て……、上から覆(おお)い被(かぶ)さろうとしているものの目に、その時計が見えていますね。時計が見えているはずです。その妖怪の目から時計が見えています。そして、その「見えてい

アニメーション映画「千と千尋の神隠し」
（2001年公開／東宝・スタジオジブリ）

る」ということが、（井澤に）伝わっています。

問題は、これがいったい何をしに来たかですね。

斎藤　はい。ぜひ、その妖怪が来た目的を解明したいところです。

正体は「学校の幽霊」になった子供

大川隆法　「何をしに来たのか」「何者であるか」が問題です。

（井澤に対し）あなたは、たくさんの人と接触しているから、たぶん、いろいろと引きつけるものがあると思います。

では、私がその者の「思い」を代弁しますので、質問してください。

（注。ここから、霊的能力のうち、ミューチュアル・カンバセーション（相互

神秘現象ファイル2

妖怪化した子供の不成仏霊に取り憑かれた体験

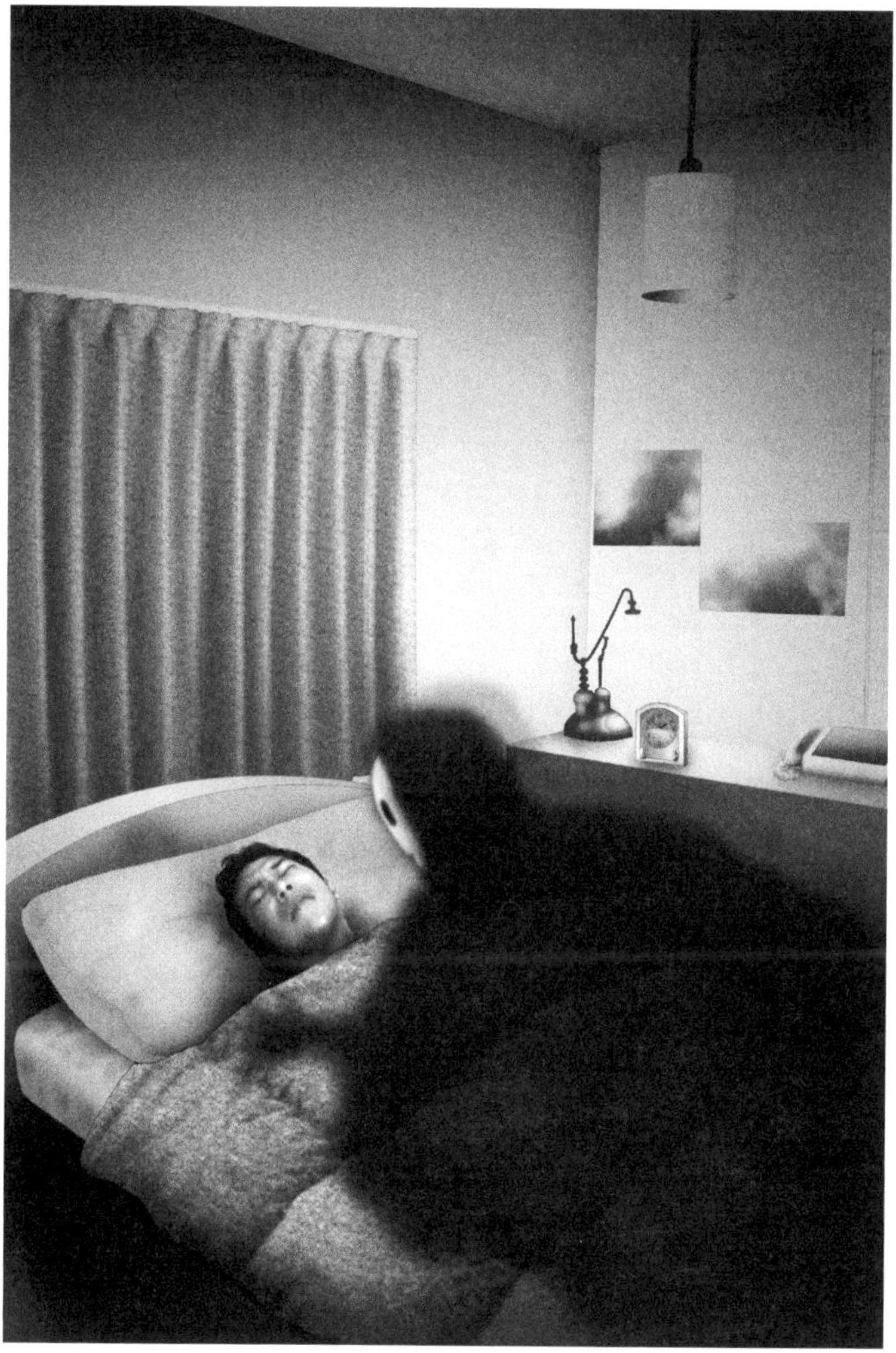

対象者の就寝中、「カオナシ」に似た半透明の妖怪が覆い被さってきた。

〔会話〕能力を用いて対話が始まる〕

井澤　あなたは、どちらからいらっしゃっているのですか。

妖怪　学校……。

井澤　では、相談を受けた子供たち、あるいは、先生ですか。

妖怪　学校の幽霊。

井澤　ああ。どこで縁ができたんでしょうか。

妖怪　どこにでもいる。どこの学校にもいる。

井澤　なぜ、私のところにいらっしゃったのでしょう？

妖怪　いいことがあると思って。

井澤　あなたにとって、「いいこと」とは、何でしょう？

妖怪　うーん。だから、学校で死んで、どうしたらいいか分からないし、抜けられないので、あなたに憑いてると、いいことがあるんじゃないかと思って来てる。

井澤　あっ、もしかしたら、私に憑いていれば助かるのではないかと思っているわけですか。

妖怪　そうそう。そうそうそう。

大川隆法　これは自殺●した子か何かかもしれません。学校で亡くなった子供ではないかと思いますね。

もしかしたら、これは一人ではなく、「複合霊」になっている可能性があります。

斎藤　複合霊ですか。

大川隆法　複合霊かもしれません。

●学校での自殺に関する統計　1990 ～ 2000 年代にかけて、中高生の自殺率は上昇傾向にあり、全自殺者のうちの約 4 ～ 4.5%を占め、自殺者数では年間 200 ～ 300 人となっている。

小学校で「縁（えん）」ができ、助けてもらうためについてきた

井澤　「どこかの学校に行ったときに、縁（えん）ができた」という感じでしょうか。

大川隆法　そのようですね。小学校でしょうか。たぶん、小学校ですね。「助けてくれそうな気がしたので、ついてきた」ということです。脅（おど）すつもりではないのですが、気づいてほしかったわけです。

（井澤が）もう少し〝自分たち〟のことが視えるかと思っていたのですが、大して視えないので、がっかりしたそうです（会場笑）。

井澤　すみません（苦笑）。

大川隆法　「もう少しちゃんとした人を送ってほしい」と言っています（笑）。

井澤　ごめんなさい。

大川隆法　「救われないじゃないですか」と言っています。ついていったら、ちゃんと救ってもらえると思って来たのに、大したことがなかったわけです。あなたは、「感度」がかなり悪いそうですよ。

井澤　（苦笑）

大川隆法　たまにしか分かってもらえないそうです。

斎藤　ずっと一緒にいるんですか？　夜にだけ自宅のほうに来ているんですか？

大川隆法　いつもは憑いていませんが、「（井澤が）学校に相談を受けに行って、自分と似たようなケースが出てくると、感応して出てくるんだ」と言っています。「妖怪の姿」に変わってしまった学童

斎藤　学校には、妖怪などがたくさんいるんですか。

大川隆法　たくさんいるそうです。「たいてい、どこの学校にも、三体、四体はいます」と言っていますね。

井澤　そうなんですね。

大川隆法　「学校の妖怪」です。妖怪のかたちをしていますが、たぶん、童といいうか、学童なのだろうと思います。つまり、もとは小さい子供だったのですが、人間生活をしていたときから時間がたってしまったので、人間の生活ができなくなって、ちょっと姿が変わっているわけです。

東北に伝わる「座敷童子」ではありませんが、本人の都合がよい、何か別の姿に変化するようです。そのため、お化けや妖怪のように見えるのかもしれません。たまに、集合して大きな姿をつくることもあって、そういうかたちで〝集合霊〟にもなれるわけです。

（井澤は）あちこちの学校に行っているため、たくさん「縁」がついています。ただ、とても鈍感で、何も分かってくれないそうです。

井澤　この仕事に就いてからは、霊的なものをできるだけ感じないように努力しています（苦笑）。

大川隆法　ですから、夜に脅さないといけないのですが、夜でも脅しにくいため、「もうちょっと敏感な人に替えてもらえないか」と言っているわけです（会場笑）。

気づいてほしくて、いろいろな人にアプローチしている

斎藤　「妖怪として自由自在にかたちを変え、あるときは複合霊となり、集合霊体のかたちをとる」ということですが、これは、「悪霊」という分類とは違って、

座敷童子　子供の姿をして、古い家などに宿ると言われる存在。見た者には幸運が訪れ、宿る家に富をもたらすと言われる。

心の状態はどのようなものなのでしょうか。

大川隆法　やはり、最初は地縛霊だろうと思うんですよ。学校の地縛霊であり、死んだ所などに取り憑いているわけです。

友達などがいるときは、そのあたりをうろうろしていたはずですが、いずれはみな、どんどん進級していなくなっていきますので、独りぼっちになります。独りぼっちになるとさみしいので、気づいてくれる人がいないかどうか、毎日毎日、いろいろな人にアプローチをかけているのですが、ほとんど誰も分かってくれない感じです。校門ぐらいまで行ったり、職員室に行ったり、いろいろなところに行っています。また、夜には、いろいろな先生の家についていったりするのですが、誰も分かってくれないので心細くなり、学校のどこかにたむろしていることが多いんです。

そんなとき、たまたま、「学校のいじめ問題解決だ」などと言っているような人が来たので、「誰か力のある人が来たのかな」と思って、ついてきたわけです。ですから、その体験をする前ぐらいに行ったところで縁ができたものかと思われます。

幽体離脱のように一瞬、見えたかもしれませんが、何らかのものから、目覚まし時計のように、「もうちょっと目覚めていただきたい」とつつかれている感じでしょうか。「きちんと天国に送るぐらいの業を持っていないのか」と言っている感じですね。

井澤　なるほど。気づきませんでした。

大川隆法　「どうにかしてくれ。『宗教ではなく、ＮＰＯだ』という逃げの心があるから救えないのではないか。宗教なら宗教らしく、きちんと供養をしなさい」と言っているわけです。

井澤　供養ですね。

大川隆法　ですから、「そういう人も要るのだ」ということです。

斎藤　なるほど。

「悪さ」をしても分かってもらえず、悔しい

斎藤　この霊の方は、どちらかというと、いじめるほうではなく、いじめられるほうの雰囲気も感じるのですが……。

大川隆法　そうでしょうね。そんな感じがします。いじめられて亡くなったような方が来ていると思います。

斎藤　「助けてほしい」ということですね。

大川隆法　そうです。それで来ていると思います。「宗教の縁で、何か救いを得られないか」と思っているんですね。

そのように、学校という場所で亡くなった人の場合、そのあと、どうしたらよいかが、本当に分からないのです。親がたまたま真理を知っていたり、供養をしたりして、それがきちんと効いていれば、しっかりと〝道〟がつくのですが、最近は〝マンション族〟ばかりなので、供養もろくにしません。また、親に宗教心がないことも多いので、この世的にしか物事を考えていませんし、先生がたも、実際は、そういうことをよく分かっていないのです。

斎藤　亡くなった人に、霊的な人生観が伝わっていかないわけですね。

大川隆法　そうです。どうしたらよいかが分からないから、「そういう人が来ないか」と思って待っているような感じでしょうか。

ときどき、学校にいろいろな人が来るので、「この人だったら、どうか」と思ってついていくわけです。そして、夜に〝悪さ〟をしたいのですが、なかなか、その〝悪さ〟も分かってくれないので、ちょっと悔しいそうです。

斎藤　〝悪さ〟をしても分かってくれないんですね。つまり、霊的に「鈍感」ということですか。

大川隆法　（井澤に）「けっこう鈍感だ」と言っています。

井澤　自宅では、大川総裁の『仏説・正心法語』のCD（非売品。三帰信者限定）がずっと流れていますので、悪さをしにくいのかもしれません。

迷っている者への「供養」が必要

大川隆法　（井澤に）ときどき、〝垢落とし〟のようなことが必要でしょうね。目には見えないので、相手が分からないかもしれませんが、幾つかの学校を回ったり、いろいろと相談を受けたりすれば、時折、何かをかすかに感じることも

『仏説・正心法語』　幸福の科学の根本経典。全編が九次元大霊の仏陀意識から降ろされた言魂で綴られ、これを読誦することで霊的な光が出てくる。

あるでしょう。「これは、何か迷っている者がいるのではないか」と感じるようなときがあれば、きちんと供養(くよう)をすることです。

井澤　そうですね。

大川隆法　あなたには、直接は関係ない者かもしれませんが、供養してあげてください。

それは、今、相談を受けている相手とは限りません。その相手に同通する者が来ていることがありますし、過去に亡くなった者で、同通する者が来ていることもあります。

何とか、この人（井澤）を脅したいのでしょうが……、斎藤さんのところに行くように言いましょうか。

斎藤　（苦笑）いやいや、ちょっと待ってください。

大川隆法　もう少し感じやすいのではないですか。

斎藤　どうぞ！　お使いください。歓迎（かんげい）します（会場笑）。

井澤　十分に供養させていただきます。

「しっかり取り憑（つ）きたい」という妖怪（ようかい）の依頼（いらい）

大川隆法　学校にはそういうものがいると思いますよ。やはり、「学校の悪霊・妖怪（ようかい）」のようなものはいると思います。

斎藤　なるほど。今日、学校教育において、「未発見の課題」があったということが分かりました。

大川隆法　死んでからそんなに日がたっていないときには、まだ、人間の子供の格好でいると思うのですが、いつまでたっても、みんな口を利いてくれず、付き合いもできず、親も来ない。そして、友達が進級して、だんだん知り合いがいなくなっていくあたりで、孤独になるのです。

そのあたりから、だんだん体の「フォーム」というか、「かたち」が崩れてき始めます。いわゆる人間の子供の格好をしている必要がなくなるので、「浮遊する術」などを、いろいろと覚えていきます。

ただ、ときどき犬や猫など、動物に見つかることはあるようですね。

斎藤　犬や猫には見つかってしまうのですか。

大川隆法　そうです。そういうものには見つかるらしいのです。彼らには視えることがあるので、そういうときに反応が出ることがあって、家のなかに犬か猫でも飼っていたら、ギャーギャーと騒ぎ出すかもしれません。あなた（井澤）よりも敏感かもしれないですね（笑）。

そういうものに鈍感であるということは、仕事上はよいことかと思いますが、どこかで、誰かに祓ってもらうのがよいかもしれません。

ですから、「宗教ではなく、NPOです」と言っている部分が、一種の殻のようになって、かえって救われないようにしているわけです。そのため、「もうちょっとしっかり取り憑きたいんだ」と思っているのでしょう。

斎藤　（井澤に）取り憑きたい方がたくさんいらっしゃるそうです。

井澤　（苦笑）いえいえ、取り憑かなくてもいいです。

大川隆法　いや、しっかり取り憑きたいんだそうですよ。「仕事でやっている以上、徹底的にやってほしいが、取り憑けないほど信心が浅いんだ。ちょっと足りていない。もう少し深い愛情を持っていただきたい」という、妖怪からの〝依頼〟です。

斎藤　（笑）妖怪の嘆願を受けて、ますます愛深い井澤代表になられるようお願いします。

一定の時間がたって〝風化〟すると「妖怪化」してくる

大川隆法　このように、子供が学校などに縁があって、しっかりと居座っている場合、やがて先生も異動していきますし、生徒もどんどん卒業していきますし、親も忘れていくので、「本当にどうしてよいか分からない」ということがあるでしょう。霊的なことを学校教育で教わっていないし、家庭教育でも何も聞いていない場合、どうしてよいか分からないのです。そのため、たまたま霊能者や術者のような方に会う機会でもなければ、救われないわけです。そういう意味で、その〝におい〟は、何か感じたのだと思います。

斎藤　なるほど。普通の学校生活のなかに、こういう一面があるとは驚きでした。

大川隆法　たぶん、いじめっ子などにも、たくさん（学校の悪霊・妖怪(ようかい)が）憑いているのだろうと思います。普通は、そちらのほうに憑いて、悪さをさせたり、イライラさせたりします。

斎藤　「孤独感」が「怒(いか)り」につながったようですね。

大川隆法　だから、他の人を自殺させたり、気持ちをどうこうさせたりするのでしょう。

とにかく、学校で子供が亡くなったあと、一定の時間がたって〝風化(ふうか)〟してくると、妖怪化してくるわけです。

斎藤　〝風化〟すると妖怪化してしまう？

大川隆法　はい。

斎藤　新しい認識でした。

大川隆法　たぶん、人間時代の名前も忘れていくのだと思います。

斎藤　なるほど。名前も分からなくなるわけですね。

大川隆法　たぶん、そうだと思います。

斎藤　その事件も忘れられる？

大川隆法　関係者がいなくなりますからね。

斎藤　何か縁があって、霊的な方に助けてもらいたいと思って、寄ってくるわけですね。

井澤　もっと〝鈍感〟にならなければいけないと思います。

一般財団法人 いじめから子供を守ろうネットワーク

学校でのいじめが悪質化し、いじめによる自殺が全国的に多発している状況を憂慮して、保護者や教師らの有志により設立された、いじめ防止・対策のための全国ネットワーク。いじめの現状を知らせ、防止する一環として、「全国1万2千校以上の学校でのポスター掲示」「チラシの配布活動」「街頭キャンペーン」、いじめで悩んでいる方に対する「相談窓口の開設」等を行っている。代表・井澤一明。

大川隆法　(笑)ずいぶん冷たいですね。

斎藤　それでは、ぜひ、「この世とあの世を貫いたいじめ撲滅」を目指してください。

井澤　ありがとうございました。

全国各地で識者とのシンポジウムやセミナーなどを開催

井澤一明代表および教育関係者等の識者によるシンポジウムやセミナーの開催、新聞・雑誌のインタビュー、テレビ・ラジオ等への出演を通して、いじめ防止のための活動を行っている。『いじめは犯罪！ 絶対にゆるさない！ いじめに悩むこどもたち、お母さんたちへ』(井澤一明著／青林堂刊)参照。

神秘現象ファイル3

高校時代に体験した「金縛り」と不思議な「インスピレーション」

広島の原爆で負傷した女の子の不思議な夢

斎藤　それでは、三番目の方に入ります。樋口ひかるさんです。この方は新入職員で、現在、支部のほうに仮配属中です（収録時点）。

樋口　よろしくお願いいたします。

大川隆法　はい。

斎藤　体験につきまして、ご説明いただければと思います。

樋口　はい。高校三年生のころだったと思うのですけれども、学校からの帰りに、自転車で駅から家に向かっていたとき、なぜか、広島の原爆(げんばく)のことを思い出したことがございました。

大川隆法　うーん。

樋口　そのときには、特に何もなく、一瞬(いっしゅん)で忘れてしまったのですけれども、夜、眠(ねむ)ったあとに、広島の原爆で顔を負傷した女の子が夢に出てきまして、私のほうに近寄ってきて、「私なんて、どうせ救われないと思ってるんでしょう?」というように言ってきたのです。

大川隆法　うーん。

学校からの帰り道に、広島の原爆投下のイメージが浮かんだ対象者。その夜、負傷した少女が夢に現れてきた。

樋口　私としては、そのときに、幸福の科学の真理も少しは知っていたので、「いや、そんなことないよ。一緒に頑張ろう」と言って励ましたのですけれども、もっと近寄ってくる感じがして、その瞬間に金縛りに遭いました。

その後、なかなか動けなかったのですが、修法「エル・カンターレ　ファイト」●を行って、バッと目覚めることに成功し、「ちょっと怖いなあ」と思って時計を見たところ、なんと、「四時四十四分」だったという（会場笑）、嘘のような本当の話でございます。

大川隆法　（笑）なるほど。学校から自宅に帰る途中で？

樋口　はい。自転車に乗りながら……。

●エル・カンターレ　ファイト　幸福の科学における悪魔祓いの修法。幸福の科学の三帰信者向け経典『祈願文①』の「悪霊撃退の祈り」に収録。

大川隆法　何らかのインスパイア（触発）があったときに広島の原爆のシーンが思い浮かんで、その夜に、原爆で怪我をした女の子の顔がふっと現れてきたということですね？

樋口　はい。そうなんです。

大川隆法　それは、東京でのことですよね？

樋口　東京です。

大川隆法　うーん。東京で広島のシーンを視るというのは、少し不思議な感じがしますね。

斎藤　なかなか珍しい事例ですね。

長崎の「原爆資料館」に行ったことがあった

斎藤　（樋口に）広島にご縁があるのですか？

樋口　いえ、行ったことはないんです。

大川隆法　社会科の授業で、原爆の話を聞いたとか、そんなことはないですか？

樋口　あっ、もしかしたら……。高校時代に修学旅行で、長崎の原爆資料館には行っているんです。

大川隆法　ああ、長崎のね。

樋口　はい。それで、そのときも、すごく嫌な……。

大川隆法　なるほど。〝怖い〟ところだからね。

樋口　はい。

大川隆法　行ったら、ぞろぞろと、〝修学旅行〟と化して、（霊が）本当についてくる可能性がある場所ですね。

「不思議な体験」の原因は「不成仏霊」？

大川隆法　では、この高校のときのことを、少し調べてみましょうか。

（瞑目し、顔の前で合掌する）

はい。この方が、「広島の原爆のシーンを一瞬、帰り道で思い浮かべ、夜にそういう女の子に夢のなかで会って、金縛り状態に遭った」と言っていますが、その真相は、どのようなところにあるのでしょうか。

（約三十五秒間の沈黙）

うーん。うーん……。

（約十五秒間の沈黙）

うーん。これはですねえ……。

（約十秒間の沈黙）

まあ、聞いたことだけを表面的に判断すれば、普通は、「原爆で亡くなった女の子が、不成仏霊になって現れて、金縛りにして訴えかけた」というようにとるでしょう。それが普通ですね。

斎藤　はい。

大川隆法　しかし、現実に、広島に旅行したり、そこで泊まったり、そこの原爆資料館を見に行ったりしたわけではない。

学校の帰りの「起きているとき」に、既視感（デジャヴ）のように一回視て、そのあと、女の子が夜中に来ている。

これは、ですから、一見、そういう不成仏霊が成仏を願って、この人のところに訴えてきて、金縛りにしたという、いわゆる幽霊話によく似ているように見えますけれども、実際は違う。

斎藤　（驚いて）違う!?

大川隆法　うん。そうではない。そうではない。

斎藤　はあ。どういうことなのでしょうか。

大川隆法　実際は、そうではない。

明かされた「神秘体験」の真相

大川隆法　そうではなくて、実際は……。

（約五秒間の沈黙）

この人の「将来の進路」について、アドバイスに来ているのです。

斎藤　将来の進路についてアドバイス？

大川隆法　うん。アドバイスに来ているのです。アドバイスに来ているわけで、そういう不成仏霊のような姿に見せているけれども、違います。そうではありません。

本当は、あなたが就きたい職業について、「戦争と平和、そして、生と死の間をさまよう迷える人たちを救う使命があるのだ」ということを、実は伝えに来たのです。

斎藤　はあー。

大川隆法　この人は進路で迷っていたはずです。そこで、「あなたの進路は、実は、そういう戦争と平和、あるいは、亡くなった人たちの救済、不幸な人たちの救済に関係があるのだ」ということを、これは**教えに来た**のだと思います。姿を変えて、「教えに来た者がいる」と思いますね。

斎藤　霊的存在が「姿を変えて、現れてきた」ということですか。

大川隆法　そうです。

「恐怖体験」のように、一見、見えるけれども、実は、これは、いわゆる恐怖の金縛り体験、悪霊体験、幽霊体験ではないのです。

斎藤　そういうことがあるんですね。

大川隆法　うん。これは、「方便夢(ほうべんむ)」というもので、方便として見せているものです。高次元の霊などが、ときどきすることではあるのですが、本人に気づかせるため、関心を持たせるために行うものなのです。

対象者の心の奥底(おくそこ)にある、もう一段大きな「公共心(こうきょうしん)」とは

大川隆法　だから、広島は全然関係ないのですが、そういうものと関係があるように見えるでしょう？

斎藤　はい。

大川隆法　まあ、この人は勉強が忙(いそが)しかったから、できなかったかもしれません

けれども、普通は、こういう夢を見て、特に、繰(く)り返し見た場合には、やはり、広島に行きたくなったりするのです。

斎藤　はい。

大川隆法　そして、原爆資料館などを見て、何かを考えたくなるわけです。

この人は、基本的な関心として、実は、日本が廃墟(はいきょ)になって、多くの人が亡くなるような不幸の未来が来ることを、深く憂慮(ゆうりょ)しているんですよ。

心の奥底(おくそこ)では、「日本が再び廃墟になって、多くの人が不成仏になって迷ったりするような未来を避(さ)けたい」という気持ちを持っているのです。

そうした気持ちを本当は持っているのだけれども、それに気づかせるために、わざわざ方便夢として、そのようなものを指導霊(しどうれい)が見せたのではないかと、私は思います。

つまり、「あなたの使命は、そういうことのほうにかかわっているのだ」ということを、進路で迷ったときに思い出してほしくて、印象に残したんだと思うのです。

斎藤　（樋口に）「指導霊の方便として現れた」ということが、今、判明しました！

大川隆法　ええ、悪霊ではありません。

樋口　はい。

大川隆法　つまり、もし、道を間違うことがあってはいけないので、思い出せるようにしておこうとして〝焼き付けた〟のだと思います。

心の奥底では、日本が再び戦争に巻き込まれて敗れ、廃墟になり、多くの日本人が、悪霊や浮遊霊になるような未来を、いちばん恐れているわけです。

そして、それは、個人的なものではなくて、本当は、もう少し大きな、「公共的なもの」だと思うのです。

その意味で、もう一段大きな公共心を持っており、「自分の幸・不幸を超えて、日本人全体の運命を修正して、そうした不幸から救いたい」という使命感を持っています。それで、現実に、「それが、本当に与えられた使命であるのだ」ということを指導霊が教えているわけですね。

そのため、そこからそれるようだったら、おそらく、こういう夢を何度でも、いろいろなかたちで見ることになるとは思います。

「方便夢」を見せていたのは、いったい誰だったのか

大川隆法　では、指導していたのは、本当は何だったのかを調べてみましょうか。

斎藤　はい、お願いいたします。

大川隆法　（瞑目し、樋口に右手をかざし、円を描くように回しながら）わざわざ、東京にいる人に、広島の原爆で亡くなった女性の姿を見せ、金縛りのようなものに遭わせて、引っ張ったのは、いったい誰ですか。

（瞑目のまま、樋口に両手をかざし、左右の手を交互に、前後に動かす。約二十五秒間の沈黙）

大川隆法　うーん、聞こえているのは、「聖観音」という言葉です。

斎藤　はあ、聖観音ですね。

大川隆法　聖観世音菩薩ですね。

斎藤　はい。（樋口に）観音様だそうです。

大川隆法　おそらく、いるのではないですか、魂のきょうだいのなかに。

斎藤　はあー。聖観音様は、やはり、人々の苦しみの声を聞いて、それを観じて

●魂のきょうだい　人間の魂は、原則として、「本体が１人、分身が５人」の６人グループによって形成されている。これを「魂のきょうだい」といい、６人が交代で、一定の期間をおいて違う時代に地上に生まれてくる。

見て、「音（おと）を観（み）る」というようなかたちでいらっしゃいますね。

大川隆法　うん、そうです。おそらく、この方の魂のきょうだいのなかにいると思いますね。

ですから、この人は、過去世（かこぜ）で光明子（こうみょうし）（光明皇后（こうごう））などと一緒に、人々を助けていたような人ではないかと思われます。

斎藤　ああ。困っている方々や、病人の方々を光明子も助けられましたから。

大川隆法　そうそう。実際、施薬院（せやくいん）や悲田院（ひでんいん）でね。

斎藤　はい。

大川隆法　まあ、そういう病人たちをマザー・テレサ風に助けていましたけれども。そのときに、一緒に手伝っていた方だろうと思われます。

斎藤　はあー。

大川隆法　実は、それを広島の原爆のシーンで、現代的に見せただけなのです。

斎藤　なるほど。

光明子（光明皇后）　聖武天皇の皇后。730 年、悲田院と施薬院を創設。薬草を無料で施すなど、病人や孤児の保護や治療、施薬を行った。また、皇后自ら病人の看護を行ったとの言い伝えも遺っている。

対象者に原爆で亡くなった少女のビジョンを見せた「聖観世音菩薩」のイメージ

さまざまな観音菩薩像

鞍馬寺

法隆寺（救世観音）

薬師寺東院堂

観心寺（如意輪観音）

三十三間堂（千手観音）

室生寺（十一面観音）

大川隆法　つまり、道を間違わないように指導したのだと思います。

（樋口に）今後、そうした霊的な体験が増えてくるだろうと予想されます。だんだん使命が高まってくれれば、もう少し、いろいろなものを明確に感じるように、おそらくなるでしょう。

魂のきょうだいのなかには、「聖観世音菩薩」という〝役職名〟を持った観音がいます。

樋口　はい。

斎藤　ご本人から、何かあればどうぞ。

樋口　確かに、進路に迷ったときには必ず、「そっちじゃない」という印象を焼き付けるような夢を、何度も見せていただいていまして、幸福の科学に出家させていただくときも、そうでした。

大川隆法　うん、うん。

樋口　そのことと、今日のことが、まさか、つながっているとは思わなかったのですが、はっきりと、「進路はこっちだ」というように教えていただいた気がして、すごく安心しました。

視えてきた「心の修行課題」と「本来の使命」

大川隆法　（樋口に）それと、心のなかに、まだ、幾つか、わだかまりが残っていますね。それは、「もう少し役に立たなければいけない人が、まだ道に入っていないのではないか」という思いが、わだかまっているものと思われます。

（瞑目し、樋口に右手をかざし、円を描くように回しながら、約十秒間の沈黙）

あなたが、わだかまりを感じている方々には、それぞれ、別の進路予定が入っているので、必要な経験をしたあとに、召命、コーリングがかかったときには、手伝いに来ることもあるとは思います。ただし、その人の「時」があるので、やはり、それは、無理をしたところで、「時相応」ということになるわけです。

あなたの場合は、卒業前に、どうしても、宗教のほうに引っ張ってきたかったので、かなり強い力が働いていたと思われますね。

使命的には、もう少し大きなものが、おそらく出てくると思われます。今は修行中なので、それほど大した仕事ができなくて、ややつらいかもしれませんが、将来的には、力がだんだん出てくるでしょう。もう一段の「霊的なパワー」が出てくるのではないでしょうか。この感じから見ると、この人には、おそらく、霊的な「ヒーリング・パワー」のようなものが出てくる可能性が高いと思います。

斎藤　「ヒーリング・パワー」ですか。光明子と一緒に、人々を助けられた経験もありますものね。

大川隆法　ええ。修行が進んできたら、病気の方に対する「ヒーリング・パワー」が、おそらく出てくると思います。

今は、支部や精舎など、さまざまな部署を経験すると思います。そうした霊的な環境の場で、いろいろな経験をされるとよいでしょう。

結局、この世的な価値観の部分と、ある程度、〝おさらば〟しないと、「ヒーリング・パワー」のようなものは出てこないのです。この世のものが立派に見えたり、かっこよく見えたり、素晴らしく見えたりしているうちは、そういう力は出てきません。

やはり、そこを乗り越えなければいけないのです。そういうものを振り捨てて、「自分の使命」というものと一体化したときに、力が出てくるわけです。

この世のものに揺さぶられているうちは、まだ本物になっていないのです。

ただ、使命はあるので、力は必ず出てくると思われます。おそらく、近年中にも、そのような力は出てくると思いますので、今は、焦らずに、修行に励まれたほうがよいでしょう。

樋口　はい。

大川隆法　まず、この世とは違う異次元の世界、そうした宗教の磁場(じば)を体験されて、「自分の本来の使命が、自分を迎(むか)えてくださるように」というような気持ちを持つことが大事です。そういう使命は与えられてくると思います。

幾つかのパワーは、おそらく眠っていると思われます。

斎藤　パワーが眠っているのですか。

大川隆法　ええ、幾つかは、持っていると思いますけれども、持っているパワーのなかでは、おそらく、「ヒーリング・パワー」がいちばん強く出てくるはずです。

具体的に示された「心の修行(しゅぎょう)」の要点

斎藤　（樋口に）やはり、公共心がお強くて、ご関心が、「戦争と平和」「生と死」ということであったり、問題意識として、「弱者や病(やまい)の人を助けたい」というような心をお持ちだったりするのでしょうか。

樋口　そうですね。やはり、「公的でありたい」ということは、ずっと思ってはおりまして……。

大川隆法　うん、うん、うん。そうでしょうね。

樋口　はい。ですので、そういうかたちで……。

大川隆法　必要に応じて、そうした仕事が出てくるはずです。だから、気高い気持ちを忘れないように修行することが大事だと思います。

樋口　はい。

大川隆法　あなたと価値観を必ずしも同じくしなかった、ほかの人たちとの別れもあったでしょうけれども、そうした人たちも、また、それぞれの人生において、やはり、「分岐点」が幾つかあります。どこの分岐点でどのようになってくるか、試されるときが必ず来るだろうと思うので、それほど、ほかの人のことを気にする必要はないと思います。

おそらく、この世的な成功を目指している人が周りに多かっただろうとは思いますので、「自分は、はぐれたんじゃないか」という気持ちが、一部、心のなかには残っていると思うのですけれども、そうではありません。

今、本来の使命のほうに、忠実に来ているので、「まず、自分の心を磨いて、使命を果たそう」という気持ちを持つことが大事だと思います。必ず、人々を助ける力が働いてくるようになるでしょう。

樋口　はい。頑張らせていただきます。

大川隆法　はい。

斎藤　大川隆法総裁の読心能力によって、「執着」と「悩み」についてもご指導いただきました。本当に、今、そうした、いろいろな悩みがあったということですね？

樋口　はい。

さらに明かされた、「本来の自分」を発揮するためのポイント

大川隆法　いや、本当は、もっとやりたくてしかたがないのに、何か、無能な上司がたくさんいて、腹が立ってしょうがないんです。もう、「ぶった斬りたい」という●新撰組的な気持ちが出てくるのでしょうけれども、これが本来の姿では、実は、ない。

本当は「ぶった斬りたい」というか、価値判断して、「これは駄目だ！」というような感じの気持ちがあるけれども、これは、前世と今世で、かなり強く身についたものです。

●以前のリーディング（2014年4月3日収録の「人材発掘リーディング」）で樋口は、新撰組幹部としての過去世が判明している。

しかし、その奥には、きちんとした観世音菩薩の心が眠っているので、これが、いずれ出てくるでしょう。

今は、まだ、そういう意味で、〝剣（けん）の部分〟として、「裁きの部分」「人を裁く部分」が、表に出ていると思います。

斎藤　なるほど。

大川隆法　この「裁きの部分」から、やがて、本来の自分が出てくるようになるでしょう。やはり、自分の使命に納得（なっとく）がいくようになってくれば、そのようになるだろうと思うのです。

したがって、一定の時間は必要ですが、修行期間は誰にもあるので、そうした仕事が与えられるまでの間は修行だと思って、一生懸命（いっしょうけんめい）、勉強するなり、努力なされたらよいと思います。

この世で、二十年余り生きてきた間に、カキ殻のように、いろいろと付いた価値観がたくさんあります。「競争社会のなかで成功していく価値観」が、かなり身についていると思うので、これを落とさないといけません。

周りの上司たちや同僚たちにも、〝ぼんくら〟に見える人がたくさんいるとは思いますが、ぼんくらに見えて、ぼんくらではない面もあって、先ほどのように、「鈍さ」で戦っている人もいるわけです（本書「神秘現象ファイル2」参照）。

「敏感であれば、とてもではないが、こんな仕事はやっていられない。いじめの相談を受けているうちに、だんだん頭が重くなったり、体が重くなったりして、もう、やれなくなる」というわけです。そのため、〝鈍感力〟で戦っているような方もいるわけです。いろいろな方がいるので、みなが、それぞれ、どのような能力でもって仕事をしているのかを見るとよいと思うのです。

一定の使命はあるでしょう。ただ、焦らないほうがよいと思います。焦ると、「裁きの面」が強く出てくるかもしれません。しかし、その奥に、「慈悲の観音」が控えているのです。

斎藤　ぜひ、これから、聖観音の慈悲の心を発揮し、ますます活躍されることをお祈り申し上げます。

大川隆法　はい。

樋口　はい。ありがとうございました。

斎藤　ありがとうございました。これで三人目を終了させていただきます。

大川隆法　はい。これでいいですか。

斎藤　はい。ここまで、三人三様(さんにんさんよう)、「宇宙人系」、「妖怪(ようかい)系」、そして、「指導霊の方便系」という、三種類のリーディングを頂きました。

神秘現象ファイル4

ESPカードを的中させた体験の真相

伝道の際に、どのような霊的指導があったのかを霊査する

大川隆法　まだ誰か視てほしい人がいれば聞きます。

井手　（会場からの挙手）幸福実現党の井手と申します。

本日は、「オフェアリス神の霊指導」ということで、オフェアリス神の奇蹟の光、あるいは神秘の光にまつわるご相談がございます。

大川隆法　うん、うん。

井手　以前、職場の後輩を伝道していたのですが、彼は考え方が非常に唯物的で、この世的に頭が固かったのです。

ただ、道徳心が高いもので、総裁のご著書を読んで納得のいく部分はあったようですが、最後、どうしても霊的世界について理解はいかなくて、信じられないということでした。

大川隆法　うーん。

井手　当時、私は、自民党の政策担当の職員でした。その関係もあり、主の魂のご分身であられるオフェアリス神が、政治・軍事系統を司る根源の神と教えていただいておりましたので（『愛から祈りへ』『愛は風の如く』〔共に幸福の科学出版刊〕参照）、オフェアリス神霊指導の「健康倍増祈願」が下賜されている箱根精舎（幸福の科学の

芦ノ湖や、雄大な富士を望む箱根の山中にある、幸福の科学の研修施設・箱根精舎。オフェアリス神の霊指導による各種研修・祈願が執り行われており、2002年の落慶以来、さまざまな奇跡が報告されている。

研修施設）に、よく参拝して祈願を受けさせていただいておりました。

大川隆法　うーん。

井手　そのなかで、オフェアリス神ご本人からではなく、ご眷属（家来）の方からだと思いますが、「その後輩に伝道できるよ」というようなインスピレーションを頂いたのです。

大川隆法　うん、うん。

オフェアリス神が政治的・軍事的に霊指導をしていたとされる古代ギリシャの英雄・ヘルメスの物語『愛は風の如く』（全４巻）と、ヘルメスの霊示による詩篇『愛から祈りへ』（いずれも幸福の科学出版）。

井手　実際、その後輩と話しているなかで、あるとき、「彼が、前日に、どこに行って、何をしたのか」ということが、ありありと分かる瞬間がございました。それは、彼に憑いている、幽霊画から抜け出してきたかのような憑依霊が教えてくれたのですが、そこまでありありと分かったというのは、過去にはありませんでした。

そこで、それを言い当てたところ、彼が、「いやいや。じゃあ、家にあるＥＳＰカードを明日持ってくるから、それの裏の模様を全部当てたら、信じてやる」というような挑発的な態度に出ました。さすがにそんな超能力は持ってないので、「どうかなあ」と思ったのです。

ところが、次の日の夜、国会内の職場で彼が机の上にバーッと十枚、二十枚並べたカードを、不思議とほぼすべて当てることができたのです。それは、決して

職場の後輩から、「ESP カードの図柄を当てることができるか」と試された対象者。

私自身の能力ではなく、「天上界からご助力を頂けたのかな」というふうに思っております。

こうしたかたちで、精舎参拝を通して、いろいろな奇跡が起きるのかなと実感したのですが、そこまでありありと視えたのは、そのときだけでした。

大川隆法　うーん。

井手　そこで、どういうご助力を頂いていたのか、せっかくですので教えていただければと思います。

「近代超心理学の父」と言われる、デューク大学教授のジョゼフ・バンクス・ライン（1895〜1980）。丸・十字・波・四角・星の５種類の図柄を使った、いわゆるESPカード（ゼナー・カード）による数百万回の実験を通し、超能力の実証を試みた。

高次元の霊は〝当てもの〟のようなものは手伝わない

大川隆法　どのくらい前の話ですか。

井手　十年ほど前です。

大川隆法　十年も前になるんですか。

井手　はい。

大川隆法　うーん、そうですか。じゃあ、視てみましょうか。

（約五十秒間の沈黙（ちんもく））

あんまり、いい後輩じゃないね、これね。

井手　あっ、そうですか。

大川隆法　うーん。あなたが導こうとしていたけど、ちょっと問題があるように、私には視えますね。問題があるというより、あなたの〝試（ため）し〟になっている感じです。

井手　ああ……。

大川隆法　〝試し〟であり〝躓きの石〟にもなっている部分がある人ですね。「後輩」と言いつつも、ある意味で、あなたを「試すための存在」になってはいます。そういうふうに視えてきますね。

まあ、政界のほうも、実はレベルが低うございまして、そんなに高級なところまでつながっていない部分が多く、もっと低いレベルのところのほうが人口が多いのです。

そうした「心霊現象」や「神秘現象」などの、ちょっとしたものに反応するぐらいのレベルの人が、人口的には多いんですよ。

だから、そのあたりの層の人を掘っていっても、〝金鉱〟は出てこないことは、出てこないんですよね。

人生として、そういう時期はあってもよいかとは思うのですけれども、それをあまり大きく考えすぎてはいけないのではないでしょうか。そのくらいの人を目覚めさせるために、高級霊がいろいろと手伝ってくれるというようなことは、あまり考えられません。

霊現象で導こうとする伝道は、躓きになることもある

大川隆法　うーん、「試し」をする、ちょっと〝小悪魔的なもの〟が今視えているのです。あなたの試しは、何とか乗り越えられたのかもしれませんけれども。

いずれにしても、こういうものは、何回も何回もやりながら成功するものではありません。必ず躓きになるものです。もう一段、次元を上げないといけないところはありますね。

このくらいの躓きは、確かにどこの会社でも、いろいろなところにいても起きるものではあるし、試してくる人もいるでしょう。これは、しかたがないところもあるのですが、最初に突破しなければいけない壁の一つではあるのです。それ

が、たまたま、その人だったのだろうと思います。

人それぞれ機根が違うことを知っておくことが大切

大川隆法　やはり、人間は生まれつき機根が違うのです。わりに浅いところに埋まっているふきのとうのようなものから、深く掘らないとなかなか出てこないものまで、いろいろあるのです。たまたま近くにいるとか、同じ職場にいるとかいうだけで、どうにかできるものでもない場合があるわけです。

もちろん、何らかの役には立ったのかもしれませんが、やはり、それ独自で、「最終的な使命」まで辿り着けるほどのものではなかったような感じがしますね。

あなたの守護霊ぐらいは多少手伝ったのかもしれないとは思いますが、高次元の霊が来て、後輩を導くために手伝っていたとは感じられません。

むしろ、相手のほうは、あなたを〝躓かせよう〟としている面があったので、それを乗り越えさせようとしたところはあるのではないでしょうか。

たとえ「欲望渦巻く世界」でも、信仰を持てば救いがある

大川隆法　あなたは、だいぶ「悪い世界」を見てきているようですね。そうとう汚い世界を、ずいぶん見ています。

これだけ〝汚い世界〟を見ていると、やはり嫌になるでしょう。あなたには普通の人間の世界に見えていたのだろうとは思いますが、私の目には、「地下の下水が流れているような世界」にしか視えないのです。あなたは、下水道のようなところ、汚れた下水がダーッと流れているようなところにいて、その横の、ちょっとした歩道のようなところを歩いているようにしか視えません。あまりよいところではないですね。まあ、自民党かどこか知りませんが、政界というのは……。

井手　そうですね。学生時代から信者で、信仰（しんこう）があったおかげで、何とかこれまでやってこれたのかなと感じております。

大川隆法　いやあ、一歩落ちたら、それでもう、濁流（だくりゅう）のなかに呑（の）み込（こ）まれるところですね。「欲望渦巻（うずま）く世界」です。このなかから、よく当会に来れましたね。

斎藤　よかったですね。

井手　ありがとうございます。

先ほどの元職場の後輩も、今は活動に参加している信者で、支部でリーダー的な役割をされています。

現代の政界には欲望が渦巻いていて、霊視すると、まるで下水道のような穢れた世界に視える。

大川隆法　ああ、そうですか。

井手　はい。おかげさまで。

大川隆法　では、導くことができたのですね。

井手　ええ、おかげさまで。ありがとうございます。

大川隆法　言ってはまずかったかな。

斎藤　いや、大丈夫だと思います（笑）。過去は過去、現在は現在であります（会場笑）。

井手　はい。ありがとうございます。

大川隆法　活動信者にまでなっているのなら、彼に憑いていたものも、今は離れているのではないかとは思います。

井手　そうですね。

最終的に、政界を改革しなければ「地上の浄化」は難しい

斎藤　今回、政治の世界は、いろいろと大変なところがあるということが分かりました。

大川隆法　いや、これは〝汚い世界〟ですね。

周りの人には、普通の世界に見えているのでしょう。部屋とか人とか、いろいろな付き合いとか、そうしたものも普通の世界に見えて、それが「権力渦巻く世界」なのだと思います。

ところが、霊的に視ると、〝ジャン・バルジャン〟が地下道を移動しているような、そのような感じの世界に視えてくるのです。

井手　やはり、主の御心を国政に反映させるということは、本当に大事なことだと思います。

大川隆法　なかなか、心清くしては生きていけない世界であることは事実ですね。それほど簡単に「浄化」できるものではないのだろうとは思います。マンホー

●ジャン・バルジャン　フランスの作家ユゴーが1862年に発表した小説『レ・ミゼラブル』の主人公。貧しい職人だったジャン・バルジャンは、パンを盗み投獄されるが、出所後に、司教ミリエルの愛により良心が目覚め、聖者のような後半生を送る。

ルの下に流れている、地下の下水の横を歩いているような状態から見て、これを浄化しようとしても、そんな簡単にできるものではないでしょう。

ただ、そういう世界を少し経験されたようですので、それが次の「悟り(さと)の縁(よすが)」になればいいですね。

逆に、宗教を信じている人が、政治の世界に入っていく場合、この〝地下道〟に入っていかなくてはいけない面があるということは、なかなか大変なことではあろうと思います。みな、どこかで息が詰(つ)まってくるかもしれません。

浄化できるか、しからずんば、自分も下水のネズミのごとく、死に絶(た)えるか。どちらかというところでしょう。

つらい仕事であろうとは思いますが、最後は政治のほうも、何らかの改革をやり遂(と)げられなければ、「地上の浄化」というのは難しいところがあるのです。

ただ、厳しいところだと思います。善悪が入り乱れている世界であって、必ずしも「善が勝つ」とは言えない世界です。「清い水のほうが、汚い水に勝つ」とは言えないし、むしろ、交われば必ず濁る世界なのです。

しかし、決して穢されないものを持ちつつ、その仕事のなかへ入っていけて、世間の人が、それを認めるような世の中が来ることを心のなかで願いつつ、取り組んでいくことですね。

真理の世界から神の声を届けて、政治家に目覚めを与えよ

大川隆法　それから、「超能力的なもので、この政治の世界の人たちがみんな目覚めて、悟りを開いて分かってくれる」というようなことは、かなり難しいであろうと、私は思います。おそらく、そんなに簡単なことではないし、むしろ、そういうものに対しては冷ややかな方もいるはずです。

ただ、政治をやっている人のなかにも、道を求めていたり、神の心や仏の心を

いつも考えたりしている人もいます。神仏の心を指針にして、仕事をしていこうと思っている方も一部いるので、そうした方々にとって手助けになるような活動をしていき、それを通して、彼らにも目覚めを与えていかねばならないということですね。

今の自民党にしても、「思っていること」と、「行っていること」が違うことはたくさんあります。

例えば、安倍総理は、比較的本音に近い部分が出ているとは思いますが、それでもまだ、保身のために、いろいろな人を〝身代わり〟にしている部分はあるでしょう。

やはり、そういう人たちに対して、真理の世界から神の声を届け、もう一段、勇気を与えて、方向が間違っていないのなら、「間違っていない」ということを教えることが大事だと思います。

結局、政治の世界は「マクロの世界」につながっていくので、ものすごい力が要(い)るということです。

〝小技(こわざ)〟を使わず、正々堂々と「正論」を説いて王道を歩め

大川隆法　そうした穢(けが)れた世界のなかで、これを浄化していくのは、そう簡単なことではないし、バケツ一杯(いっぱい)の清らかな水を入れたぐらいで、きれいになるようなものでもありません。しかし、「それでよしとするわけにはいかない」という号令はかかっているということです。水がきれいになっていったほうがよいと思います。

ただ、個人的には、そういう経験を通した世界から見て、「何か超自然的現象が起きて、みんなが目覚めてくれるといいなあ」というような夢想を持つこともあるでしょう。しかし、現実の世界は、そのような超自然的なことを数多く起こ

せば起こすほど、疑ってくる世界でもあるのです。

ある意味で、〝小技〟は使わずに、正々堂々と「正論」を説いて、言行一致で押していくことが王道なのではないでしょうか。

たとえ、トランプのカードを全部当てたからといって、それが、聖人君子であることや、仏陀や如来、観音様であることの証明にはならないのです。それだけで、なるものではありません。

やはり、「その人の言行すべてが物語っているのだ」と思って、自分の生き方で周りを感化していくことを考えていくのが大事だと思います。

しかし、この世の誘惑に負けそうになるとは思うので、何とかして、それを踏み留まらなければいけないでしょう。

政治を浄化するには、宗教の力をもっと大きくしなければならない

大川隆法　あなた（井手）の顔を目を瞑って視ていたところ、何か下水道のような、すごい濁流が流れている様子が視えました。やはり、与党になるというのも、ずいぶん大変なことなのでしょう。

斎藤　釈党首をはじめ、濁流を押し返して、ピカピカの光の流れ、「清流」で世を変えていくべく、「霊性革命」「政治革命」「教育革命」の三つの革命を推し進めてまいりたく思っております。

大川隆法　いや、そんなに簡単ではありません。
やはり、政治のほうを浄化しようとしても、宗教のほうの力が、もう一段、大

きくならないかぎり、できないでしょうね。「本道（ほんどう）」のところも、しっかりやらないといけないないと思います。

斎藤　改めまして、今回は、「根本（こんぽん）の宗教の力」の大切さを、とても強く感じました。

今日は、大川隆法総裁先生より「神秘現象リーディング」の尊いご指導、リーディングを賜（たまわ）りました。本当に、ありがとうございました。

井手　ありがとうございました。

あとがき

本書で取り上げた四例は、異星人とのコンタクト、学校の妖怪、金縛り、超能力などに関するものである。一見バラバラに見えるが、実はそうではない。超常現象や精神世界についての見取り図、教科書がないため、判断停止が起きているだけである。

超常現象を、科学的検証ができないとして、一笑に付すことは簡単だ。また現実の問題から目をそらすために、遠い昔の歴史的伝承に限定してしまうことも簡単だ。

だが二千年前や二千五百年前に神秘現象として現れた事象は、多少その姿をかえても、現代にも存在するのである。大海の深さや広さを巻尺で測ることは容易ではない。しかし誰かがその仕事に着手しなければ、謎は永遠に謎のままでとどまるしかないのだ。

二〇一五年　六月二日

幸福の科学グループ創始者兼総裁　大川隆法

『神秘現象リーディング』大川隆法著作関連書籍

『永遠の法』(幸福の科学出版刊)
『愛から祈りへ』(同右)
『愛は風の如く』全四巻(同右)
『NHK「幻解!超常ファイル」は本当か』(同右)
『幻解ファイル=限界ファウル「それでも超常現象は存在する」』(同右)
『「宇宙人によるアブダクション」と「金縛り現象」は本当に同じか』(同右)
『グレイの正体に迫る』(同右)
『宇宙からの使者』(同右)

※左記は書店では取り扱っておりません。最寄りの精舎・支部・拠点までお問い合わせください。

『宇宙人リーディング　未来予知編』（宗教法人幸福の科学刊）
『白銀に輝くクジラ型宇宙人』（同右）

神秘現象リーディング

──科学的検証の限界を超えて──

2015年6月12日　初版第1刷

著　者　　大川隆法

発行所　　幸福の科学出版株式会社

〒107-0052 東京都港区赤坂2丁目10番14号
TEL(03)5573-7700
http://www.irhpress.co.jp/

印刷・製本　株式会社 堀内印刷所

落丁・乱丁本はおとりかえいたします
©Ryuho Okawa 2015. Printed in Japan. 検印省略
ISBN978-4-86395-682-7 C0014

photo：HIDEKO TAZAWA/SEBUN PHOTO/amanaimages ／ Laura Poitras/Praxis Films
NASA/JPL/University of Arizona ／ NASA/JPL ／ WitR ／ Anastasios71 ／ yoolarts
NASA/JPL-Caltech/UCLAMPS/DLR/IDA ／ NASA/JPL/Arizona State University
George Alexander Ishida Newman ／ Marie-Lan Nguyen ／ NASA/JPL/DLR
京浜にけ／菊池契月/長野県信濃美術館

大川隆法ベストセラーズ・超常現象の真相を探る

幻解ファイル=限界ファウル「それでも超常現象は存在する」

超常現象を否定するNHKへの〝ご進講②〟

心霊現象を否定するNHKこそ非科学的!? タイムスリップ・リーディングで明らかになった４人のスピリチュアル体験の「衝撃の真実」とは!

1,400円

「宇宙人によるアブダクション」と「金縛り現象」は本当に同じか

超常現象を否定するNHKへの〝ご進講〟

「アブダクション」や「金縛り」は現実にある!「タイムスリップ・リーディング」によって明らかになった、７人の超常体験の衝撃の真相とは。

1,500円

NHK「幻解！超常ファイル」は本当か

ナビゲーター・栗山千明の守護霊インタビュー

ＮＨＫはなぜ超常現象を否定する番組を放送するのか。ナビゲーター・栗山千明氏の本心と、番組プロデューサーの「隠された制作意図」に迫る!

1,400円

※表示価格は本体価格(税別)です。

大川隆法ベストセラーズ・地球文明に接近する宇宙人

「宇宙の法」入門

宇宙人とUFOの真実

あの世で、宇宙にかかわる仕事をしている6人の霊人が語る、驚愕の真実。宇宙から見た「地球の使命」が明かされる。

1,200円

ダークサイド・ムーンの遠隔透視

月の裏側に隠された秘密に迫る

特別装丁
函入り

地球からは見えない「月の裏側」には何が存在するのか？ アポロ計画中止の理由や、2013年のロシアの隕石落下事件の真相など、驚愕の真実が明らかに！

10,000円

ネバダ州米軍基地「エリア51」の遠隔透視

アメリカ政府の最高機密に迫る

ついに、米国と宇宙人との機密が明かされる。人類最高の「霊能力」が米国のトップ・シークレットを透視する衝撃の書。

特別装丁
函入り

10,000円

幸福の科学出版

大川隆法ベストセラーズ・「伝説」は本当だった！？

「ノアの箱舟伝説」は本当か
大洪水の真相

人類の驕りは、再び神々の怒りを招くのか！？ 大洪水伝説の真相を探るなかで明らかになった、天変地異や異常気象に隠された天意・神意とは。

1,400円

遠隔透視 ネッシーは実在するか
未確認生物の正体に迫る

謎の巨大生物は、はたして実在するのか！？ 世界の人々の好奇心とロマンを刺激してきた「ネッシー伝説」の真相に挑む「遠隔透視」シリーズ第3弾！

1,500円

ドラキュラ伝説の謎に迫る
ドラキュラ・リーディング

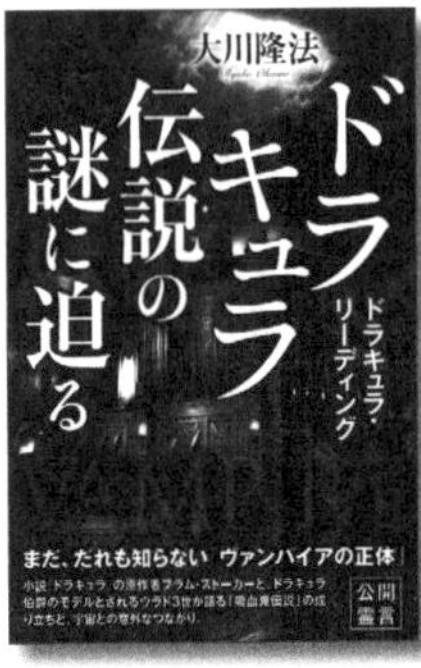

小説『ドラキュラ』の作者ブラム・ストーカーとドラキュラ伯爵のモデルとされるヴラド3世が、「吸血鬼伝説」の真相を語る。

1,400円

※表示価格は本体価格（税別）です。

大川隆法霊言シリーズ・宇宙の神秘に迫る未来科学

トス神降臨・インタビュー アトランティス文明・ピラミッドパワーの秘密を探る

アンチエイジング、宇宙との交信、死者の蘇生、惑星間移動など、ピラミッドが持つ神秘の力について、アトランティスの「全知全能の神」が語る。

1,400円

アインシュタイン「未来物理学」を語る

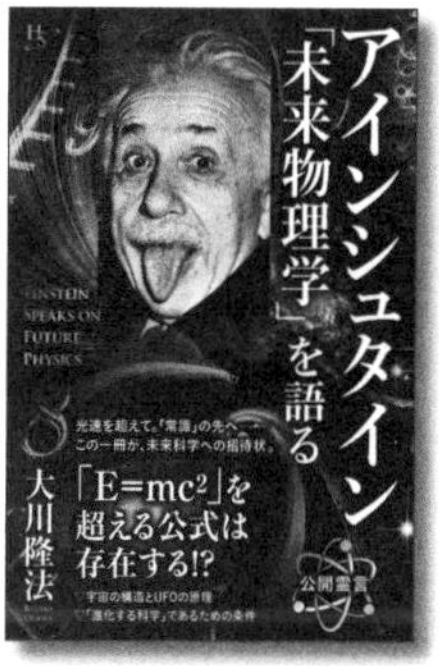

20世紀最大の物理学者が明かす、「光速」の先——。ワームホールやダークマター、UFOの原理など、未来科学への招待状とも言える一冊。

1,500円

ニュートンの科学霊訓

「未来産業学」のテーマと科学の使命

人類の危機を打開するために、近代科学の祖が示す「科学者の緊急課題」とは——。未知の法則を発見するヒントに満ちた、未来科学への道標。

1,500円

大川隆法シリーズ・**最新刊**

大震災予兆リーディング

天変地異に隠された神々の真意と日本の未来

口永良部島噴火と小笠原沖地震は
単なる自然現象ではなかった——。
その神意と天変地異のシナリオとは。
日本人に再び示された「警告の一書」。

1,400円

女性が営業力・販売力をアップするには

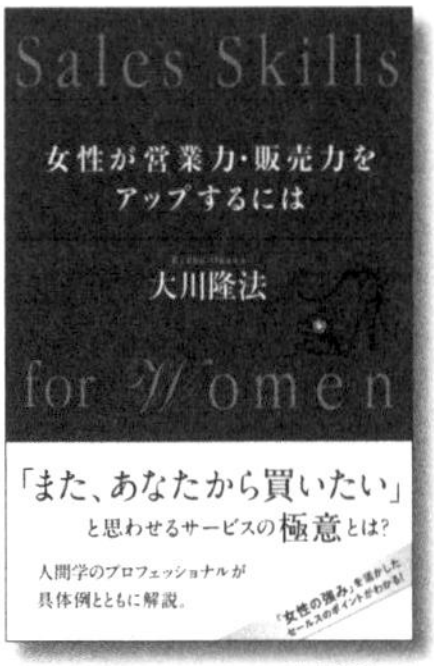

一流の営業・販売員に接してきた著
者ならではの視点から、「女性の強み」
を活かしたセールスポイントを解説。
お客様の心を開く具体例が満載。

1,500円

硫黄島 栗林忠道中将の霊言 日本人への伝言

アメリカが最も怖れ、最も尊敬した日
本陸軍の名将が、先の大戦の意義と
教訓、そして現代の国防戦略を語る。
日本の戦後にケジメをつける一冊。

1,400円

※表示価格は本体価格（税別）です。

この地球(ほし)は、宇宙に必要か？
大川隆法 製作総指揮
長編アニメーション映画
UFO学園の秘密
The Laws of The Universe Part 0
製作総指揮・原案／大川隆法
監督／今掛勇　脚本／「UFO 学園の秘密」
シナリオプロジェクト　音楽／水澤有一
総合プロデューサー／本地川瑞祥 松本弘司
美術監督／渋谷幸弘
VFX クリエイティブディレクター／栗屋友美子
キャスト／逢坂良太　瀬戸麻沙美　柿原徹也
金元寿子　羽多野渉　浪川大輔
アニメーション制作／ HS PICTURES STUDIO
幸福の科学出版作品　配給／日活
©2015 IRH Press
UFO学園　検索！
©2015 IRH Press　配給/日活　配給協力/東京テアトル　NIKKATSU
10月10日、全国一斉ロードショー！

幸福の科学グループのご案内

宗教、教育、政治、出版などの活動を通じて、地球的ユートピアの実現を目指しています。

宗教法人　幸福の科学

一九八六年に立宗。一九九一年に宗教法人格を取得。信仰の対象は、地球系霊団の最高大霊、主エル・カンターレ。世界百カ国以上の国々に信者を持ち、全人類救済という尊い使命のもと、信者は、「愛」と「悟り」と「ユートピア建設」の教えの実践、伝道に励んでいます。

（二〇一五年六月現在）

愛

幸福の科学の「愛」とは、与える愛です。これは、仏教の慈悲や布施の精神と同じことです。信者は、仏法真理をお伝えすることを通して、多くの方に幸福な人生を送っていただくための活動に励んでいます。

悟り

「悟り」とは、自らが仏の子であることを知るということです。教学や精神統一によって心を磨き、智慧を得て悩みを解決すると共に、天使・菩薩の境地を目指し、より多くの人を救える力を身につけていきます。

ユートピア建設

私たち人間は、地上に理想世界を建設するという尊い使命を持って生まれてきています。社会の悪を押しとどめ、善を推し進めるために、信者はさまざまな活動に積極的に参加しています。

国内外の世界で貧困や災害、心の病で苦しんでいる人々に対しては、現地メンバーや支援団体と連携して、物心両面にわたり、あらゆる手段で手を差し伸べています。

年間約３万人の自殺者を減らすため、全国各地で街頭キャンペーンを展開しています。

公式サイト www.withyou-hs.net

ヘレン・ケラーを理想として活動する、ハンディキャップを持つ方とボランティアの会です。視聴覚障害者、肢体不自由な方々に仏法真理を学んでいただくための、さまざまなサポートをしています。

公式サイト www.helen-hs.net

INFORMATION

お近くの精舎・支部・拠点など、お問い合わせは、こちらまで！

幸福の科学サービスセンター

TEL. 03-5793-1727（受付時間 火〜金：10〜20時／土・日・祝日：10〜18時）

宗教法人 幸福の科学 公式サイト happy-science.jp

幸福の科学グループの教育事業

2015年4月 開学

HSU

ハッピー・サイエンス・ユニバーシティ

Happy Science University

私たちは、理想的な教育を試みることによって、
本当に、「この国の未来を背負って立つ人材」を
送り出したいのです。

（大川隆法著『教育の使命』より）

ハッピー・サイエンス・ユニバーシティとは

ハッピー・サイエンス・ユニバーシティ（HSU）は、大川隆法総裁が設立された「現代の松下村塾」です。「日本発の本格私学」の開学となります。
建学の精神として「幸福の探究と新文明の創造」を掲げ、
チャレンジ精神にあふれ、新時代を切り拓く人材の輩出を目指します。

学部のご案内

人間幸福学部

人間学を学び、新時代を切り拓くリーダーとなる

人間の本質と真実の幸福について深く探究し、
高い語学力や国際教養を身につけ、人類の幸福に貢献する
新時代のリーダーを目指します。

経営成功学部

企業や国家の繁栄を実現し、未来を創造する人材となる

企業と社会を繁栄に導くビジネスリーダー・真理経営者や、
国家と世界の発展に貢献し
未来を創造する人材を輩出します。

未来産業学部

新文明の源流を創造するチャレンジャーとなる

未来産業の基礎となる理系科目を幅広く修得し、
新たな産業を起こす創造力と企業家精神を磨き、
未来文明の源流を開拓します。

校舎棟の正面

学生寮

体育館

住所 〒299-4325 千葉県長生郡長生村一松丙 4427-1
TEL.0475-32-7770

教育

学校法人 幸福の科学学園

学校法人 幸福の科学学園は、幸福の科学の教育理念のもとにつくられた教育機関です。人間にとって最も大切な宗教教育の導入を通じて精神性を高めながら、ユートピア建設に貢献する人材輩出を目指しています。

幸福の科学学園

中学校・高等学校(那須本校)
2010年4月開校・栃木県那須郡(男女共学・全寮制)
TEL 0287-75-7777
公式サイト happy-science.ac.jp

関西中学校・高等学校(関西校)
2013年4月開校・滋賀県大津市(男女共学・寮及び通学)
TEL 077-573-7774
公式サイト kansai.happy-science.ac.jp

ハッピー・サイエンス・ユニバーシティ(HSU)
TEL 0475-32-7770

仏法真理塾「サクセスNo.1」 TEL 03-5750-0747(東京本校)
小・中・高校生が、信仰教育を基礎にしながら、「勉強も『心の修行』」と考えて学んでいます。

不登校児支援スクール「ネバー・マインド」 TEL 03-5750-1741
心の面からのアプローチを重視して、不登校の子供たちを支援しています。
また、障害児支援の**「ユー・アー・エンゼル!」運動**も行っています。

エンゼルプランV TEL 03-5750-0757
幼少時からの心の教育を大切にして、信仰をベースにした幼児教育を行っています。

シニア・プラン21 TEL 03-6384-0778
希望に満ちた生涯現役人生のために、年齢を問わず、多くの方が学んでいます。

NPO活動支援

学校からのいじめ追放を目指し、さまざまな社会提言をしています。また、各地でのシンポジウムや学校への啓発ポスター掲示等に取り組む一般財団法人「いじめから子供を守ろうネットワーク」を支援しています。

公式サイト mamoro.org
相談窓口 TEL.03-5719-2170
ブログ blog.mamoro.org

政治

幸福実現党

内憂外患（ないゆうがいかん）の国難に立ち向かうべく、二〇〇九年五月に幸福実現党を立党しました。創立者である大川隆法党総裁の精神的指導のもと、宗教だけでは解決できない問題に取り組み、幸福を具体化するための力になっています。

党員の機関紙
「幸福実現NEWS」

TEL 03-6441-0754
公式サイト hr-party.jp

出版 メディア事業

幸福の科学出版

大川隆法総裁の仏法真理の書を中心に、ビジネス、自己啓発、小説など、さまざまなジャンルの書籍・雑誌を出版しています。他にも、映画事業、文学・学術発展のための振興事業、テレビ・ラジオ番組の提供など、幸福の科学文化を広げる事業を行っています。

アー・ユー・ハッピー？
are-you-happy.com

ザ・リバティ
the-liberty.com

幸福の科学出版
TEL 03-5573-7700
公式サイト irhpress.co.jp

THE FACT
ザ・ファクト
マスコミが報道しない
「事実」を世界に伝える
ネット・オピニオン番組

Youtubeにて
随時好評配信中！

ザ・ファクト 検索

入会のご案内

あなたも、幸福の科学に集い、ほんとうの幸福を見つけてみませんか？

幸福の科学では、大川隆法総裁が説く仏法真理をもとに、「どうすれば幸福になれるのか、また、他の人を幸福にできるのか」を学び、実践しています。

入会

大川隆法総裁の教えを信じ、学ぼうとする方なら、どなたでも入会できます。入会された方には、『入会版「正心法語」』が授与されます。（入会の奉納は1,000円目安です）

ネットでも**入会**
できます。詳しくは、
下記URLへ。
happy-science.jp/joinus

三帰誓願（さんきせいがん）

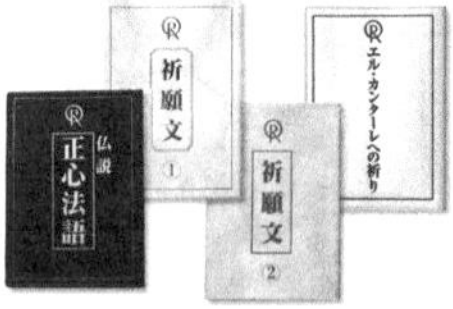

仏弟子としてさらに信仰を深めたい方は、仏・法・僧の三宝への帰依を誓う「三帰誓願式」を受けることができます。三帰誓願者には、『仏説・正心法語』『祈願文①』『祈願文②』『エル・カンターレへの祈り』が授与されます。

植福（しょくふく）の会

植福は、ユートピア建設のために、自分の富を差し出す尊い布施の行為です。布施の機会として、毎月1口1,000円からお申込みいただける、「植福の会」がございます。

「植福の会」に参加された方のうちご希望の方には、幸福の科学の小冊子（毎月1回）をお送りいたします。詳しくは、下記の電話番号までお問い合わせください。

月刊「幸福の科学」

ザ・伝道

ヤング・ブッダ

ヘルメス・エンゼルズ

INFORMATION

幸福の科学サービスセンター
TEL. 03-5793-1727（受付時間 火～金:10～20時／土・日・祝日:10～18時）
宗教法人 幸福の科学 公式サイト **happy-science.jp**